KB190210

불교는 왜 그래?

일러두기

- 역사상 실존했던 부처님은 '붓다'로, 종교적 예경의 대상인 부처님은 '부처님'으로 표기했다.
- 불교 용어의 상당수를 차지하는 팔리어나 산스크리트는 표준어 법칙에 따라 '된소리'가 아닌 '거센소리'로 표기했다. '위빠사나'가 아닌 '비파사나', '사리뿟뜨라'가 아닌 '사리푸트라' 등. 우리는 프랑스의 수도 '파리'를 '빠히'라고 읽지 않는다.

불교가 궁금한 이들에게 전하는
속 시원한 해답 33

불교는
왜 그래?

장웅연 지음

담앤북스

2016년 10월《불교에 관한 사소하지만 결정적인 물음 49》를
출간했다. 반응이 괜찮았고 '시즌 2'를 내자는 출판사의 제의를
받아들였다. 전작에서 다루지 않거나 미처 다루지 못한 주제들
을 다뤘다. 집필하는 내내 '도대체 불교란 무엇이며 궁극적으
로 불교가 지향하는 바가 무엇인지 알리고 싶다'는 화두를 품고
살았다. 오랜 세월 절밥 먹은 게 고마워서 썼다. 사실상 나에게
던지는 교훈이지만 일독을 바란다. 아내야 사랑한다. 누나야 행
복해라. 머리말 긴 책치고 재미있는 책 못 봤다.

2017년 7월 26일

웅연

차례

01

마음의 감옥엔
창살이 없다

#불교에서 말하는 최악의 지옥은?

고대 중국의 형벌은 잔혹하기로 유명하다. 오형五刑이 원조
다. 죄명을 문신으로 새기는 묵墨, 코를 베는 의劓, 발뒤꿈치를
절단하는 월刖, 남자의 생식기는 떼어내고 여자의 생식기는 메
우는 궁宮, 목을 매달든 목을 치든 그냥 죽여버리는 대벽大辟.《사
기史記》의 저자 사마천司馬遷이 당해서 제법 널리 알려진 게 궁형
이다. 정론직필과 남자로서의 자존심을 맞바꾼 그는 고자가 됨
으로써 양심이 되었다.

역대 황제들은 아무나 곤죽으로 만들지는 않았다. 오형은 역

모나 하극상을 벌였거나 최소한 심기를 건드린 자들을 향한 처분이었다. 그들은 이런 식으로 자신에게 기어오르려는 자들의 다리를 끊었다. 법가法家를 대표하는 한비자韓非子는 '자고로 백성들이 임금 무서운 줄 알아야 나라가 평안하다'고 믿었던 인물이다. 그리고 혹형酷刑은 국가 권력을 떠받치는 최적의 방법이었다. "호랑이가 개를 복종시킬 수 있는 이유는 발톱과 이빨 때문이다. 만약 호랑이의 발톱과 이빨을 빼앗아 개의 몸에 붙이면, 호랑이가 개 앞에서 꼬리를 칠 것이다." 세속의 권력자가 현실에서 지옥을 보여줄 때, 탈속의 지배자들은 '지옥'이란 관념을 요긴하게 활용해왔다. 그곳의 무서움으로 협박하면 신도가 되어줬고 돈을 내어줬다.

○ **조금씩 얼리거나 조금씩 굽기… '아비규환'의 유래**

예루살렘 율법학자들의 모함으로 예수 그리스도는 십자가에 못 박혔다. 십자군 전쟁으로 사이가 크게 틀어진 크리스천 세력과 무슬림 세력은 여전히 앙숙이다. 이렇듯 유대교, 기독교, 이슬람교는 얼핏 불구대천 원수지간으로 보인다. 그러나 다들 '여호와'를 유일신으로 섬기며 아브라함의 혈육이다. 구약은 아브라함의 6대손인 모세의 약속이고 신약은 40대손인 예수의 약속이다. 아브라함의 적자嫡子였던 이삭을 따르면 기독교이고, 첩의 아들이었던 이스마엘을 따르면 이슬람교다. 이교異敎와 외도外道의 대가로서 지옥을 설정하는 점도 세 종교가 매한가지다.

기독교에서는 무교無敎마저도 봐주지 않는 편이다. "예수께서 가라사대 내가 곧 길이요, 진리요, 생명이니 나로 말미암지 않고는 아버지께로 올 자가 없느니라(〈요한복음〉 14장 6절)." 신神의 대리자인 예수의 존재와 권능을 믿느냐 믿지 않느냐가 사람의 인격과 장래를 판단하는 시금석인 셈이다. 한껏 목청을 높인 '예수천국 불신지옥'은 당사자들에겐 목숨보다 소중한 복음이다. 불신자不信者들에겐 무엄하게도 소음이고 추태이겠으나…. 우리 아버지도 못 믿겠는데, 어떻게 남의 아버지를 믿겠나 싶다.

불교에도 지옥은 있다. 단, 그저 불교를 믿지 않는다고 해서 지옥으로 보내지는 않는다. 곧이어 밝힐 텐데, 심각한 배교背敎 행위만 아니라면 면피된다. 보편적인 윤리를 지키느냐 지키지 않느냐가 초점이다. 아울러 기독교의 지옥은 형태가 매우 단조롭다. 유황불이든 불가마든, 그냥 불구덩이다. 반면 불교의 지옥은 매우 디테일하다. 인류 최초로 '0'을 발견했고 아이들에게

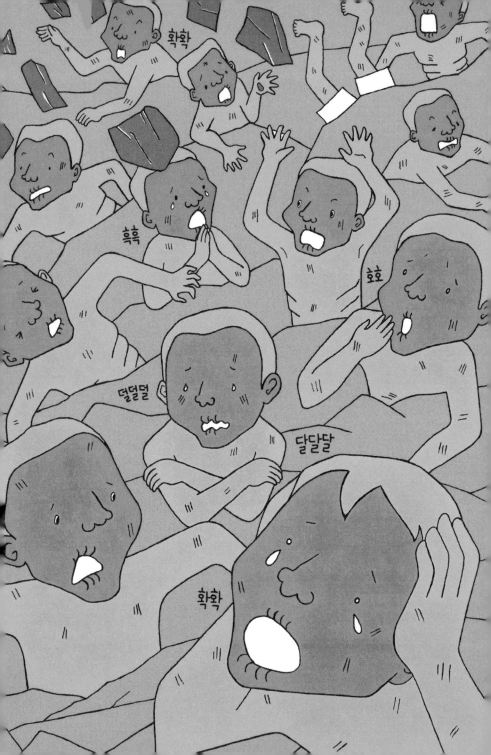

구구단을 19단까지 외우게 한다는 인도인들이다. 그들의 남다른 수학적이고 분석적인 사고가 반영된 결과로 짐작된다.

지옥의 핵심은 가학加虐이다. 마음이 아파도 몸은 안 아플 수 있지만, 몸이 아프면 반드시 마음도 아프다. 고통은 절대적으로 악이며, 육체 속에 담긴 생명에게 더위와 추위는 근본적으로 악이다. 《대비바사론大毘婆沙論》은 2세기 중엽 인도 카니슈카 왕王의 지원 아래 500인의 아라한阿羅漢이 편찬한 책이다. 팔열지옥八熱地獄과 팔한지옥八寒地獄이 나온다. 전자는 너무 뜨거워서 후자는 너무 추워서 괴로운 도합 16개의 공간이다. 팔열지옥은 고통의 단계별로 ▲ 등활等活지옥 ▲ 흑승黑繩지옥 ▲ 중합衆合지옥 ▲ 규환叫喚지옥 ▲ 대규환大叫喚지옥 ▲ 초열焦熱지옥 ▲ 대초열大焦熱지옥 ▲ 아비阿鼻지옥으로 분류된다. 생지옥을 일컫는 '아비규환'이 여기서 유래했다.

각각의 지옥에 관한 묘사는 세밀하고 흥미롭다. 다만 구구하게 설명하려면 너무 길어진다. 간추리면 고열高熱을 바탕으로 학대의 강도를 조금씩 높이는 방식이다. 이를테면 처음엔 몸을 불로 지지기만 하다가 다음 관문에서는 입을 찢어 펄펄 끓는 쇳물을 먹인다. 종국엔 쇠매가 눈을 파먹도록 하면서 가해加害의 상상력은 진화한다. 아비지옥이 고통의 결정판인데, '아비'는 산스크리트 'avici'를 소리 나는 대로 적은 것이다. '간격이 없다', 곧 '쉴 틈 없이 고통받아야 한다'는 뜻이다. 한자어로는 무간지옥無間地獄. 여기에 가려면 일단 '살생, 도둑질, 거짓말, 간음, 음주'로 오계五戒를 어겨야 한다. 한걸음 나아가 사이비 불교를 퍼뜨리고 비구니를 강간하면 문턱에 이른다. 마침내 절을 불사르고 부처님에게 욕설을 퍼부으면 형이 확정된다. 천하의 개자식들에게 주어지는 막장이다.

팔한지옥은 ▲ 알부타지옥 ▲ 니랄부타지옥 ▲ 알절타지옥 ▲ 확확파지옥 ▲ 호호파지옥 ▲ 올발리지옥 ▲ 발특마지옥 ▲ 마하발특마지옥이다. '알부타'는 피부가 추위에 부르튼다는 것이고, '니랄부타'는 부르튼 데가 또 부르튼다는 것이다. '알절타'는 지독한 한기에 이빨이 부딪히는 소리, '확확파'는 거친 숨소리, '호호파'는 입이 얼어붙어 입술 사이로 빠져나오는 신음소리를 본뜬 의성어다. 일견 익살스럽다. 마지막인 '마하발특마지옥'은 한자로 풀이하면 대홍연화大紅蓮花지옥이다. 인체가 마치 큼지막하고 시뻘건 연꽃처럼 보인다는 곳이다. 온몸에 동상凍傷을 입어서다.

○ 찌르고 삶고 썰고 태우고… 죽지도 못한다

《불설예수시왕생칠경佛說豫修十王生七經》줄여서《시왕경》에는 불교의 10대 지옥이 나타난다. 한국인들의 지옥이다. 차례대로 적으면 1.칼산에 떨어뜨리는 도산刀山지옥 2.끓는 물에 담그는 화탕火蕩지옥 3.얼음 속에 묻는 한빙寒氷지옥 4.칼로 몸을 베는 검수劍樹지옥 5.집게로 혀를 뽑는 발설拔舌지옥 6.독사로 몸을 감는 독사毒蛇지옥 7.톱으로 몸을 써는 거해鋸骸지옥 8.불에 달군 쇠판에 몸을 올리는 철상鐵床지옥 9.차가운 강풍의 한복판에 던져놓는 풍도風塗지옥 10.캄캄한 독방에 가두는 흑암黑闇지옥이다. 어디서나 고통의 극한을 경험할 수 있다. 죽지도 못한다.

도산지옥부터 흑암지옥까지 각각의 형장엔 벌을 집행하는 대왕大王들이 있다. 순서대로 진광秦廣대왕, 초강初江대왕, 송제宋帝대왕, 오관五官대왕, 염라閻羅대왕, 변성變成대왕, 태산泰山대왕, 평등平等대왕, 도시都市대왕, 오도전륜五道轉輪대왕. 이제는 '염라대왕'이 이들을 대표하는 공포의 대상으로 자리했다. 그리고 이들에게 값진 음식을 차례로 진상해 망자亡者를 징벌의 위험으로부터 벗어나게 해주겠다는 것이, 천도재遷度齋의 이론적 골격이다.

10개의 지옥은 49재의 절차와 관련이 깊다. 제1진광대왕에서 제7태산대왕까지 일주일에 한 번씩 로비를 한다. 그렇게

49재가 완성된다. 이후 제8평등대왕은 죽은 지 100일 되는 날, 제9도시대왕은 1년 되는 날, 제10오도전륜대왕은 3년 되는 날 잔치에 모신다. 이날들이 심판 기일이기 때문이다. 선비들은 '3년 상喪'을 효도의 완성으로 여겼다. 유교에서나 불교에서나 영혼이 완전히 소멸하는 기한을 3년으로 보는 것이다. 한국불교종단협의회는 2014년 7월 24일 세월호 희생자 추모 100재를 봉행했다. 지금도 살림이 넉넉하거나 영계靈界가 친근한 집은 1년재나 3년재를 절에서 지내기도 한다.

○ 49재… 지옥행을 면제받기 위한 7번의 청탁

알다시피 불교는 인도에서 중국으로 건너왔다. 불교적 지옥의 참혹함은 오형의 참상을 목격한 중국인들의 트라우마가 반영된 것일 수도 있다. 지옥에서 생환했다는 자가 없으니, 지옥이 정말 있는지는 미지수다. 여하간 없다고 믿어야 정신 건강에 이롭겠다. 또한 '오형'의 시대는 일찌감치 끝났다. 국내에서 사형 집행이 중지된 지 올해로 꼭 20년이다. 형벌로서의 지옥은 종언을 고했다. 그러나 심리적 지옥에 허덕이는 사람들로 산을 쌓을 수 있는 세태다. 우울증 등으로 정신과를 찾는 이들이 한 해 60만

명을 헤아린다. 따지고 보면 사지를 잘리고 기름에 튀겨지는 인생들도 있었는데, 우리의 괴로움은 얼마나 만만한가.

"여기에 들어오는 자, 모든 희망을 버려라Lasciate ogni speranza, voi ch'entrate." 단테의 《신곡》에 나오는 지옥의 진면목에 관한 구절이다. 발 디디는 순간 탈출은 불가능하고 고통은 영원하단다. 듣는 이의 간담을 순식간에 얼려버리는 말이다. 거꾸로 말하면 모든 희망을 잃어버린 상황이 바로 지옥이라고 같음할 수도 있겠다. 궁극적으로 희망의 유무로 결정되는 게 지옥이라면, 마음속의 지옥만큼 서슬 퍼런 곳도 없을 것이다. 그리고 우리는 증오와 갈등으로 스스로를 너무 오래 가뒀다. 중국 당나라의 석두희천石頭希遷, 700~790 선사에게 누군가 물었다. "해탈解脫이란 무엇입니까?" "누가 너를 묶었니?" 다행히 마음의 감옥엔 창살이 없다. 언제든 빠져나올 수 있다.

02

마음은 형체가 없다.
다치려야 다칠 수가 없다

#불교에서 말하는 최고의 극락은?

함석헌 신부(1901~1989)는 일생을 주로 민주화운동에 투신하며 많은 책을 썼다. "눈에 눈물이 어리면 그 렌즈를 통해 하늘나라가 보인다"라는 명언도 남겼다. 그렇게 하늘나라는 너무 아프고 억울한 이들의 환시幻視다. 그곳의 백성들은 완전무결하게 건강하고 비상식적으로 오래 산다. 반면 이 땅의 모든 것들은 기껏해야 '유병장수'나 이야기하면서 산다.

지옥의 신이 무서울 순 있어도 위대하다고 말하긴 어려운 노릇. 어느 종교의 천국이든 하늘이거나 하늘보다 위에 있게 마련이다. 밑바닥을 담보하는 자들에게 상上은 선善이요, 하下는 악惡이다. 그래서 천당을 향한 꿈은 한 발자국이라도 높이, 남을 짓밟고서라도 더 높이 올라서겠다는 계급주의적 욕망의 민낯이기도 하다. 종교를 믿는 인구가 점점 줄어들면서 이제는 '펜트하우스'가 천당을 대체하고 있다.

o '무병장수'와 '오르가즘'의 파라다이스

최초에 불교가 번성한 곳은 네팔을 포함한 인도 동북부 지역이다. 붓다가 태어나고(룸비니) 깨닫고(부다가야) 처음 설법하고(사르나트) 열반에 든 장소(쿠시나가라)는 한구석에 몰려 있다(4대 성지). 다들 히말라야에서 멀지 않다는 것도 공통점이다. 히말라야는 세계에서 가장 크고 높은 산이다. 범어梵語로 '눈雪'을 뜻하는 히마Hima와 '처소'를 뜻하는 알라야Alaya의 합성어다. 무더위와 만년설이 공존하기에 더욱 신비롭다. 불교의 세계관은 이 성산聖山을 모태로 한다. 수미산須彌山은 히말라야를 신화神話 속으로 옮긴 산이다. 산스크리트Sanskrit:梵語:범어 수메루Sumeru의 음차이며 묘고妙高 또는 묘광妙光으로 의역한다. 세상의 중심에 솟아서 천상天上으로 가는 관문이자 거기를 떠받치는 기둥 역할을 한다. 수미산의 중반에서부터 본격적인 하늘나라다. 사천왕천, 도리천, 야마천, 도솔천, 화락천, 타화자재천 등 6개의 파라다이스가 층층이 펼쳐진다.

사천왕천四天王天은 수미산 중턱에 있다. 무지막지한 거인들인 사천왕이 지키는 곳이다. 도리천忉利天은 수미산 정상에 있다. 신들의 왕인 제석천帝釋天, Indra이 지배하는 곳이다. 제석천은 그리스신화의 제우스에 필적한다. '도리'는 범어 'Trayastrimsa'의 음역으로 33이라는 뜻이다. 33개의 하늘로 읽어도 되지만 가장 길상한 하늘이라는 의미도 갖는다. 야마천夜摩天의 신들은 용모가 삼척동자처럼 해맑고 의복은 저절로 만들어진다. 도솔천兜率天은 지족천知足天이라고도 한다. 현재 자신의 상태에 완전히 만족하기에, 더는 목말라하거나 헐떡이지 않는 자들의 경지다. 화락천化樂天에서는 조물주의 기쁨을 체험할 수 있다. 즐거움을 제 스스로 만들어 제가 즐긴다. 돈을 벌 필요가 없고 힘들여 노동할 필요가 없다. 타화자재천他化自在天에서는 남이 만든 즐거움까지 빼앗아 즐길 수 있다. 생각만 해도, 남의 돈은 내 돈이 된다.

○ 너무 크고 너무 오래 살아서… 우리는 못 본다

행복의 기본은 무병장수이고 궁극의 쾌락은 오르가즘이다. 더 높은 하늘로 올라갈수록 더 오래 살고 더 달콤하게 살 수 있다. 《구사론倶舍論》에는 단계별로 더 오래 살고 더 달콤하게 사는 천인天人들이 나열되어 있다. 사천왕천에서의 수명은 500세인데 단순히 500세가 아니다. 여기의 하루 길이는 인간세계의 50년이다. 결국 사람의 나이로 치면 912만 5,000세다. 도리천 천인의 수명은 1,000세이며 이들의 하루는 인간의 100년이어서 총 3,650만 년을 산다. 야마천 천인의 수명은 2,000세이며 하루는 인간의 200년으로 총 1억 4,600만 년을 산다. 도솔천 천인의 수명은 4,000세이며 하루는 인간의 400년으로 총 5억 8,400만 년을 산다. 화락천 천인의 수명은 8,000세이며 하루는 인간의 800년으로 총 23억 3,600만 년을 산다. 타화자재천 천인의 수명은 1만 6,000세이며 하루는 인간의 1,600년으로 총 93억 4,400만 년을 산다.

크기도 엄청 크다. 도리천 천인들의 키는 1유순由旬인데, 소달구지로 하루를 갈 수 있는 거리(11~15km)다. 사천왕의 키는 반半 유순. 야마천 사람들은 2유순, 도솔천은 4유순, 화락천은 8유순, 타화자재천은 16유순이다. 목숨의 길이도 하루의 길이도 몸의 길이도 2배씩 늘어나는 패턴이다. 도식적이고 작위적이라는 느낌을 지울 수 없다. 어쨌든 끽해야 2미터이고 100년인 중생들로서는, 너무 커서 육안으로 볼 수 없고 너무 오래 살아서 실존 여부도 확인할 길 없다.

무지막지한 거인들은 성교의 방식도 기가 막히다. 인간계에 근접한 사천왕천과 도리천의 거주자들은 가장 저층의 천인이어선지, 인간처럼 '몸과 몸을 부딪쳐서 음양陰陽을 이룬다.' 그러나 야마천에서는 남녀가 서로 포옹만 해도 애가 생긴다. 도솔천에서는 손만 잡아도 극렬한 쾌감을 느낄 수 있다. 화락천에서는 서로 지그시 바라보기만 해도 열락悅樂에 빠진다. 타화자재천에서는 눈만 마주쳐도 홍콩에 간다.

ㅇ 몸뚱이만 없으면 영원히 행복할 텐데

극락極樂은 육도 너머에 있다. 즐거움만 있는 곳이며 극단적인 즐거움이 있는 곳이다. 불교의 극락은 서쪽에 있다. 아미타불阿彌陀佛이 다스리는 서방정토西方淨土. 《아미타경》은 "여기서 서쪽으로 10만억 개의 국토를 지나면 하나의 세계가 있으니, 이름을 극락이라고 한다"라고 했다. 동거토同居土라고도 하는데, 부처와 중생이 한데 어울려 산다는 의미다. 서쪽에 있는 까닭은 해가 지는 방위가 서쪽이기 때문이다. 저승의 이미지가 거룩하고 아름다운 내세로 승화된 것으로 짐작된다. 반면 해가 전혀 들지 않는 북쪽은 죽음과 지옥을 상징한다.

만억萬億이란 특별한 단위가 아니라 아주 많은 수를 뜻한다. 동아시아에는 아미타불의 이름을 1억 번쯤 부르면 극락에 갈 수 있다는 신앙이 퍼져 있다. "선善남자 선여인아. 너희가 아미타불의 말을 듣고 하루나 이틀 혹은 사흘 나흘 닷새 엿새 이레 동안 한결같은 마음으로 아미타불의 이름을 외우되 조금도 마음이 흐트러지지 않는다면, 너희가 임종할 때 아미타불이 여러 성중聖衆과 함께 너희 앞에 나타나리라. 이윽고 아미타불의 정토에 왕생往生하리라(《아미타경》)." 불교의 여러 종파 가운데 하나인 정토종淨土宗은 더는 아프지 않고 억울하지 않은 세상을 향한 민초들의 환상과 갈애를 디디고 성장했다.

때 되면 아프고 툭하면 남과 시비한다. 언제나 어디서나 몸뚱이에 종속되어 사는 게 우리들이다. 그래서 몸뚱이를 먹여 살리기 위해 주야장천 녹초가 되거나 혈안이 되어야 한다. 반면 극락은 육신을 벗은 영혼들이 사는 땅이다. 극락에서의 인생이 즐겁기만 한 이유는 간명하다. 육체로부터 해방되어 더 이상 욕망하지 않는 덕분이다. 식욕이 없으니 내내 배부르고 밥벌이에 내던져지지도 않는다. 색욕이 없으니 자식을 낳은 대가로 생계를 책임져야 할 천형에서도 자유롭다. 여자들은 성폭행을 염려하지 않아도 된다. 수면욕이 없으니 불면증에 걸리지 않고 그래서 우울증에 걸리지 않는다. 물욕이 없으니 모두가 서로를 이해하고 협동한다. 명예욕이 없으니 경쟁하지 않으며 권모술수를 짜내다가 화병을 자초하지도 않는다. 잘난 몸이나 못난 몸이나… 똑같이 감옥이고 적폐다.

미륵불이 통치하는 용화세계龍華世界에서의 만족도 역시 극락과 맞먹는다. 용화龍華란 물 한 방울만으로도 큰 비를 만들어낼 수 있는 용의 신묘한 조화를 가리킨다. 불로장생不老長生과 만사여의萬事如意의 낙원이다. 누구도 늙어 죽지 않으며 생각한 대로 이루어진다. 다만 미래의 부처인 미륵불이 현세에 임한다는 때는 붓다가 열반한 후 56억 7,000만 년 뒤다. 도솔천에 거주하는 미륵불이 그때나 되어야 죽기 때문이다. 어쩌면 극락으로 가는 길보다도 훨씬 길고 험한 길이다. 불기佛紀는 붓다가 열반한 해부터 셈하며 올해는 불기 2,561년이다. 아직도 56억 6,999만 7,439년 남았다.

○ 인간이 상상할 수 있는 쾌락의 최고치… 다시 말하면 '망상'

'인간이 소의 형상을 했더라면 신神은 소처럼 생겼을 것'이라는 말이 있다. 지옥이 인간이 상상한 고통의 최고치라면, 천당은 인간이 상상한 쾌락의 최고치다. 천인들의 세상은 거대하고 호화롭지만 사실 거대하고 화려하게 살고 싶은 인간의 속물적인 근성이 투영된 결과일 따름이다. 아쉬운 마음이 있으니까 지옥이 있고, 꼴리는 마음이 있으니까 천당이 있는 법이다. 더군다나 따지고 보면 내가 욕망하는 것이 아니라 욕망이 나를 가지고 노는 것이다. 선가禪家에서는 '밥 가져와라. 돈 가져와라. 여자 가져와라….' 자꾸만 나를 못 살게 구는 내 안의 '그놈'을 잡아서 족쳐야 한다고 다그친다.

불교 수행의 궁극적인 목표는 열반이다. 다음 생에는 기필코 천상에서 태어나자는 게 아니다. 욕심을 뿌리까지 끊어 아예 육도를 벗어나자는 거다. 그리 먼 길도 아니다. 지금 당장에라도 갈 수 있다. "자신의 성품이 어리석으면 부처님이 중생이요, 자신의 성품이 본래 청정함을 깨달으면 중생이 부처님이다. 그대의 자비로운 마음이 관세음보살이요, 번뇌를 떨친 마음이 석가모니부처님이요, 평평하고 곧은 마음이 미륵부처님이다(《육조단경六祖壇經》)."

노자老子는 '상선약수上善若水'를 말했다. 지극한 선은 물과 같다. 아래로만 흐르며 맨 아래에서 모든 것을 받아준다. 정해진 몸이 없어서 누구와도 한 몸이 될 수 있다. 맑으면 맑은 대로 탁하면 탁한 대로… 함께 가고, 그냥 가고, 기어이 간다.

석두희천도 어지간히 사람에게 치이는 팔자였던 모양이다. 또 누가 와서 귀찮게 했다. "정토淨土는 어디에 있습니까?" "누가 너를 더럽혔니?" 마음은 형체가 없다. 다치려야 다칠 수가 없다.

03

말만 곱게 해도
지옥은 면할 수 있다

#어떻게 살면 지옥에 가고 어떻게 살면 극락에 가나?

헤르만 헤세Hermann Hesse, 1877~1962가 쓴《수레바퀴 아래서》는 자
전적 소설이다. 고루하고 경직된 교육 체계 속에서 소년의 해맑
은 영혼이 하루가 다르게 썩어나가는 과정을 담았다. 붓다의 실
존적 고뇌와 치열한 수행을 소재로《싯다르타》를 저술하기도 한
헤세다. 1858년 영국이 인도를 식민지로 삼을 즈음 불교는 유
럽으로 빠르게 유입됐다. 윤회輪廻는 불교의 기본적인 시간관이
자 세계관이다. 헤세의 '수레바퀴'는 세상의 거대하고 뿌리 깊
은 부조리 그리고 윤회를 상징하는 것인지도 모르겠다.

○ '지옥' '아귀' '축생' '아수라' '인간' '천상'

불교에서는 모든 개체가 태어남과 죽음을 반복하며 여섯 가지 세계를 돌고 돈다고 말한다. '지옥' '아귀' '축생' '아수라' '인간' '천상'으로, 통틀어서 육도六道라 한다. 절반으로 뚝 자르면 상하가 나뉜다. 지옥, 아귀, 축생을 합해서 삼악도三惡道라 부른다. 지옥도가 최악이며, 지옥도보다 아귀도가 아귀도보다 축생도가 그나마 낫다. 반면 아수라도, 인간도, 천상도를 뭉뚱그리면 삼선도三善道다. 행복지수는 역순이다.

육도는 삼계三界 가운데 욕계에 속한다. 욕계欲界는 욕망의 영역, 색계色界는 형상의 영역, 무색계無色界는 순수의식의 영역이다. 욕계는 물욕에 눈이 뒤집힌 중생들의 난장판이다. 색계에는 선량하지만 조금 까칠한 사람들이 산다. 사리사욕은 버렸으나 마음에 들지 않는 것에 대해 거부감을 일으키는 버릇이 있다. 무색계는 탐욕과 분노마저 극복했으나 '자아'라는 관념은 끊지 못한 현자들의 거처다. 살아 있는 것들은 다들 일정하게 괴롭고 어떤 세계든 결국은 불완전하다는, 불교의 비관적이고도 냉철한 시선이 내포됐다. 여하튼 욕계는 비린내가 진동하는 최하층이다.

○ 지옥으로 가는 제일 확실한 방법 '분노'

지옥地獄, niraya은 말 그대로 지옥이다. 앞서 누누이 설명한 대로 아무런 희망도 기쁨도 없으며 고통이 전체이자 영원인 곳이다. 초기불전연구원 지도법사 각묵 스님에 따르면 아귀餓鬼, peta는 피타pita에서 파생됐다. 붓다가 사용한 언어인 팔리Pali: 巴利어로 '아버지'를 뜻한다. 후손들에게서 제사상을 받는 선친先親은 죄다 '굶주린 귀신'들이다. 축생畜生을 가리키는 '티라차나tiracchana'는 '옆으로'라는 의미를 가졌는데, 동물들은 인간처럼 직립보행을 하지 못하기 때문이다.

아수라阿修羅, asura는 힌두교의 모태인 인도 브라만교敎의 경전 《베다Veda》에 등장한다. 천신天神들과 주야장천 다투는 투신鬪神으로 묘사된다. 인간人間, manussa은 인도 신화에서 인류의 시조로 지칭되는 마누Manu의 후예를 가리킨다. 불교에서는 마음mano 안에 번뇌 망상이 넘쳐흐르는(우싸나ussanna) 탓에 이렇게 부른다. 천상天上 또는 천신天神, deva은 하늘에 거주하며 호의호식한다.

현생에서 지은 악업의 빈도와 수준에 따라 내생에서 살아갈 터전이 정해진다. 특히 탐욕, 분노, 어리석음이라는 삼독三毒은 행복에 치명적이다. 인간으로서의 품위를 포기하고 양심을 내던지는 행위이자 심보다. 중국 선종禪宗의 초조初祖인 보리달마菩

提達磨는 《관심론觀心論》에서 "삼독으로 인해 크고 작은 업을 짓기 때문에 과보 또한 다르며 여섯 가지 장소로 나뉘어 돌아가므로 6취趣"라고 말했다. 지옥, 아귀, 축생 등 삼악도는 삼중취三重趣라고도 한다. 중형重刑의 죄인들이 갇히는 감방인 셈이다.

가장 머리가 좋다는 돌고래의 아이큐가 70이다. 물론 동물은 인간이 결코 따라잡을 수 없는 고도의 감각 능력을 지녔다는 반박이 가능하다. 아무튼 아이큐든 불교든 지옥이든⋯ 인간만의 상상이다. 그리하여 어리석음으로 죄를 많이 지으면 짐승으로 태어난다. 이어 탐욕으로 죄를 많이 지으면 다음 생엔 아귀의 몸으로 살아야 한다. 목구멍은 좁고 배는 태산만 해서, 먹어도 먹어도 허기지며 잘 먹지도 못하는 신체 구조를 가졌다. 분노로 죄를 많이 지으면 지옥에 떨어진다. 탐욕과 어리석음은 사람에게 손해를 끼치는 정도에 그치나, 분노는 목숨을 빼앗기도 한다. 홧김에 술김에 내친김에, 살인이든 자살이든 학살이든.

o 남에게 상처를 주지 않는 게 궁극적인 행복의 길

반면 삼선도는 삼경취三輕趣다. 상대적으로 죄가 가벼운 자들의 처소다. 십악十惡을 끊고 십선十善을 행하면 여기로 간다. 남의 목숨을 해치는 살생殺生, 남의 소유를 빼앗는 투도偸盜, 외간 여자를 범하는 사음邪淫, 거짓말하는 망어妄語, 꾸며서 말하는 기어綺語, 모질게 말하는 악구惡口, 이간질하는 양설兩舌에다가 탐욕貪慾, 진애瞋恚, 분노, 사견邪見, 어리석음을 합쳐서 십악이다. 몸과 입과 마음으로 짓는 여러 패륜들.

십선은 따로 있는 게 아니며 십악의 각 항목 앞에 '아니 불不'을 붙이면 십선이다. 결론적으로 천당에 가는 방법은 매우 간단하다. 십악을 행하지 않으면 되는 것이다. 특히 십악 가운데 네 개(망어, 기어, 악구, 양설)가 언행과 관련된 것들이다. 말만 곱게 써도 지옥은 면한다는 걸 일러준다. 궁극적으로 십선이 공통적으로 가르치는 바는 결국 남에게 상처주지 말라는 것이다. "내게 주어진 모든 것은 수많은 생명들의 피땀과 노력으로 만들어졌다. 내가 잘나서 당연히 얻는 권리가 아니다(제35대 조계종 총무원장 설정 스님)"라는 법문을 개인적으로 가슴에 품었다. 《법화경》에도 이와 비슷한 구절이 있다. "겨자씨만 한 땅일지라도 보살의 피와 살로써 이룩되지 않은 곳이 없다." 누구의 삶이든 비슷비슷하게 쓸쓸하고 고달프다. '부처님'과 '예수님'이 뭐란다고, 소멸될 시련도 사면될 절망도 아니다. 다만 원한 살 일만 줄여도 그나마 비명횡사할 확률은 낮출 수 있는 법이다. 인생만 돌고 돌까? 죄업도 돌고 돈다.

즐거움의 젖과 꿀이 흐르는 천신들의 세계조차 허점은 있다. 마음 한번 잘못 먹으면 순식간에 강등된다. "미혹한 마음으로 십선+善을 닦아 잔망스럽게 쾌락을 추구하면 탐욕을 면하지 못해 하늘에 태어나고, 옳네 그르네 사사건건 시비를 일삼으면 분노를 면하지 못해 인간에 태어나고, 미혹한 마음으로 잘못된 신앙을 믿고 대가를 바라면 어리석음을 면하지 못해 아수라에 태어난다《관심론》)." '착한 일을 한다'는 생각은 '나는 착하다'는 오만으로 변질되기 일쑤다. 그리고 '나는 착하니 더 보상받아야 한다'는 탐욕과 '내가 이렇게 착한데 왜 나를 인정해주지 않느냐'는 분노와 '제 꾀'에 넘어가고 '제 분'을 못 이기는 어리석음에 기어이 제 무덤을 판다. '나'를 살리려고 하지 않는 게 도리어 나를 살리는 길인 것이다.

한편 초기불교 경전에는 아수라도道가 거의 나타나지 않는다. 붓다는 《대사자후경大獅子吼經》에서 다섯 가지 태어날 곳gati:가티만을 언급했다. 아수라의 세계가 윤회에 본격적으로 끼어드는 때는 대승불교 이후다. 경전에 따라서는 아수라가 인간보다 우위인 경우도 보인다. 심지어 건장하고 영리하고 잘생겼다. 현실 사회에서도 그렇다. 까마득히 높은 세상에서 어마어마한 돈을 두고 다투는 이들은 대체로 신수가 훤하다. 어떤 경전에서는 인간을 천신보다 높이 쳐주기도 한다. 역경과 난관을 이겨내려고 끊임없이 힘내는 인간의 번민은 천신의 나태보다 고귀하다. 무엇보다 신들도 언젠가는 늙고 병들고 죽는다. 윤회하니까.

o 내가 이해하지 못한 만큼이 갈등, 내가 용서하지 못한 만큼이 폐허

우리나라의 지하철에는 '천국의 계단'이 있다. 출구나 환승역의 너무 기다란 에스컬레이터들에 입담 좋은 네티즌들이 붙인 별명이다. 국내 최장 에스컬레이터가 설치된 대구 2호선 신남역, 언덕에 역이 있어 승강장이 지하 8층에 있는 서울 5호선 신금호역, 한국공항공사 방면 1번 출구가 섬뜩한 김포공항역. 개인적으로 요실금을 걱정해야 했던 장소는 이대역이다. 이외에도 당산역, 대림역, 부평역, 남태령역, 여의나루역, 서울역(공항철도), 신길역 등이 유명하다. 보행하는 방향을 바꿔서 보면 지옥의 계단일 수도 있겠다. 대다수에게 출근길은 지옥이겠고 퇴근길은 천국이다. 회사에 숨겨놓은 애인이라도 있다면 그 반대일 테고.

사실 인간 세계가 곧 육도다. 내전으로 초토화된 나라의 아이는 현실이 그대로 지옥이다. 우연히 공돈이라도 얻으면 온 세

상이 아름답게만 보인다. 우리는 욕망에 헐떡이면 아귀가 되고, 먹고 마시기에만 몰입하면 축생이 되고, 싸우고 으스대기 좋아하면 아수라가 된다. 원효元曉는 "삼계三界가 일심一心에서 나온다"고 했다. 내가 안달을 낸 만큼이 지옥이요, 내가 이해하지 못한 만큼이 갈등이요, 내가 용서하지 못한 만큼이 폐허다.

《법화경》의 경구譬句를 들으면 윤회에 대한 공포 또는 조바심 역시 부질없음을 깨닫게 된다. "欲知前生事(욕지전생사) 今生受者是(금생수자시) 欲知來生事(욕지내생사) 今生作者是(금생작자시)." 한글로는 "전생을 알고 싶은가? 금생에 내가 받는 이 삶이다. 내생을 알고 싶은가? 금생에 내가 만들어가는 이 삶이다"로 풀이된다. 오늘의 숙취는 어제의 폭음 때문이고 내일의 여유는 오늘의 수고 덕분이다. 전前 조계종 원로회의 의장 밀운 스님은 "오계五戒만 잘 지켜도 지옥문은 열리지 않는다"라고 했다. 불교가 어렵네 복잡하네 해도 근본적으로는 오계에 모든 답이 들어 있다. 자작자수自作自受는 과학이다. 잘 살고 싶다면, 잘 살아야 한다.

04

주는 대로 맛있게
먹어주는 게 '자비'

#부처님이 고기를 즐겨먹었다고?

붓다의 사촌동생인 데바닷타Devadatta:提婆達多:제바달다는 불교사에
서 대표적인 악인이다. 그는 붓다가 가진 신통력을 몹시 질투했
다. 교조의 방침과 행보에 사사건건 시비를 걸며 집요하게 깐족
거렸다. 여러 번 죽이려고도 했다. 살인을 청부하거나 코끼리에
게 술을 먹여 붓다 앞으로 돌진시켰다. 붓다의 출가 전 아내였
던 야소다라Yasodara를 범하려고도 했다. 당하는 입장에서는 정
말 이가 갈릴 만한 작자다. 붓다는《증일아함경》에서 "데바닷타
는 털끝만큼의 정법淨法도 행하지 않았다"며 분통을 터뜨리기도

했다. 결국 붓다를 독살하려고 손톱 밑에 독을 발라 목을 조르려다가 도리어 제가 죽었다. 데바닷타란 이름은 중국으로 건너오면서 조달調達이란 약칭을 갖게 됐다. '쪼다'의 원형이다.

o 고기를 주면, 먹어야 했다

데바닷타가 출가자의 새로운 윤리로 제안한 오법五法 또한 붓다의 교단을 와해시키려던 책동으로 풀이된다. ▲ 평생 아란야阿蘭若, 조용한 수행처에서만 거주하며 민가에서 자지 말 것 ▲ 길에서 걸식乞食만 하고 식사 초대에 응하지 말 것 ▲ 누더기만 입고 좋은 옷을 입지 말 것 ▲ 나무 아래서만 생활하고 일반 가옥에 머물지 말 것 ▲ 육류와 생선과 유제품(치즈, 우유)은 절대 먹어서는 안 된다는 규약이다. 극단적인 염결함으로 세인들의 존경을 끌어내자는 게 표면적인 명분이었다. 물론 지키기가 몹시 곤란해서 수많은 비구들이 붓다의 곁을 떠나리라는 속내가 더 컸다. 데바닷타의 꼼수를 간파한 붓다는 오법을 받아들이지 않았다. 무엇보다 수행의 본질은 고행이 아니라고 봤다. 그는 지극히 고요한 심적 상태인 선정禪定을 통해 깨달음을 얻었다. 행복의 근본은 이런 마음 저런 마음 다 내려놓는 평온에 있다. 몸이 괴로우면

마음도 괴롭고, 나아가 남의 몸도 괴롭히고 싶어지는 법이다.

붓다와 그의 제자들은 오직 탁발로써만 먹었다. 아침에 눈을 뜨면 각자가 일곱 집에 들러서 주민들이 주는 밥을 얻은 뒤 돌아와서 함께 먹었다. 끼니를 받는 대신 보시한 사람들에게 법문을 해주고 앞날을 축원해줬다. 일종의 카운슬링이고 물질과 정신의 교환인 셈이다. 남방불교에서는 여전히 지속되는 전통이다. 탁발을 강요해서도 안 되었다. 비구들은 먹을거리를 주지 않는다 해서 툴툴대지 않았고 말없이 돌아섰다. 탁발에서 또 하나의 원칙은 주는 대로 먹어야 한다는 것이었다. 사람들은 거지에게는 먹고 남은 밥을 줬으나 스님들에게는 아직 자신들도 먹지 않은 밥을 드렸다. 곧 음식을 가린다는 건 그들의 정성을 배반하는 일이었다. 발우에 고기가 있으면, 먹어야 했다. 주는 대로 맛있게 먹어주는 것도 자비이니까.

o 먹을 것이 많아졌다. 굳이 고기까지 먹어야 하나?

그러나 얄궂게도 데바닷타의 고집은 북방에서 끝내 실현됐다. 대승불교는 채식주의다. 대승불교 율서律書의 근본인 《범망경梵網經》은 "고기를 먹으면 커다란 자비의 성품의 씨앗이 끊어져서 모든 중생이 보고는 도망을 친다. 그러므로 모든 보살은 모든 중생의 고기를 먹지 말아야 한다"며 생명 존중을 독려한다. 육식이란 도살을 하거나 거기에 가담하지 않았더라도, 누군가의 죽음으로 이익을 취하는 행위다. 매우 미안한 일이다. 더구나 주지육림酒池肉林, 고기는 반드시 술을 부른다.

기후적인 특성도 육식의 금지를 부추겼다. 붓다가 활동했던 인도는 부패腐敗가 친숙한 땅이다. 서너 시간만 지나도 주스가 발효되어 술이 되어버리는 날씨다. 냉장고가 없었던 원시 교단은 음식이 금방 상해버리니까 아무거나 빨리 먹어야 했다. 반면 동아시아는 겨울에 춥지만 그 덕분에 저장식이 가능하다. 특히 유목문화에서 농경문화로 넘어와 사찰에서 직접 조리가 가능해지면서 승가의 채식은 정착됐다. 먹을 것이 많아져서 굳이 고기까지 먹을 필요가 없어진 것이다.

대승불교 권역의 스님들은 채소조차 편히 먹을 수 없다. 이른바 오신채五辛菜를 금하는데, 마늘·파·부추·달래·흥거를 가리킨다. 이 중 흥거는 백합과의 식물로 한국, 일본, 중국에서는 자라지 않는다. 그래서 대신 양파를 못 먹게 한다. 맛과 냄새가 자극적이라는 게 오신채의 공통점이다. 성욕을 부추기므로 피한다지만, 근거 없는 속설이다. 다들 건강에 좋고 한국인의 음식에서 빠지면 허전한 식재료다. 남성에게 좋다는 마늘과 부추는 혈액순환 개선에 탁월한 효과를 낸다. 피가 온몸 구석구석 원활하게 전달되니 '발기'에도 좋은 것이다. '정력'은 얼핏 생각하기에 야한 단어지만 객관적으로는 그저 활력이다. 게다가 오신채보다 향미香味가 훨씬 독한 '고소'나 '산초'나 '제피'는 허용한다는 점은 모순으로 보인다. 《범망경》이 오신채를 삼가라는 데서 비롯된 습속인데, 《범망경》 자체가 위경僞經이라는 주장도 있다. 점입가경이다.

o 목사와 신부도 고기를 먹으면 안 된다?

오신채의 금지는 도교道敎의 산물이란 설이 지배적이다. 양생養生을 중시하는 도교는 오신채를 먹으면 신선이 될 수 없다고 믿었다. 불교가 중국으로 건너왔을 때 현지에서는 도교가 이미 성행했다. 그래서 인도 출신의 역경승譯經僧들은 도교의 이론적 근거인 노장老莊 사상에 기대어 백성들에게 좀 더 쉽게 불교를 이해시키려 했다. 공空을 《도덕경道德經》의 무無에 대입하는 식인데, 격의格義불교라 한다. 도사道士들의 신비스러운 풍모도 벤치마킹했다. 이들의 식습관을 따라함으로써 '스님들도 고귀하고 특별한 인간'이라는 인식을 사회 일반에 심어줬으리라 짐작된다.

아울러 자못 의아스럽긴 한데, 붓다가 실존할 당시 인도의 최상위 계급이었던 브라만Brahman:婆羅門:바라문은 더럽다는 이유로 고기를 먹지 않았다. 조계종 교육아사리 원영 스님이 일본 하나조노대학에서 유학하던 중 불교학과 교수에게서 배운 내용이다. 교육자이자 제사장들이었던 브라만은 콧대가 하늘을 찔렀고 그리하여 오직 채식만을 했다고 한다. 죽은 동물의 사체를 먹는 일을 '쌍놈'들이나 할 짓이라며 극히 불결하게 여겼다는 것이다. 본능적인 식욕을 이겨낼 정도로 그들의 위선은 대단했다. 요즘도 마찬가지. 채식 전문 식당치고 비싸지 않은 곳을 못 봤다.

여하간 스님들이 흠을 잡히는 결정적 행위가 육식이다. '이제라도 예수를 믿으셔야 지옥에 안 가신다'는 전도사들의 성화 탓에 지하철도 타기 어렵지만 식당에도 좀처럼 못 간다. '승려는 고기를 먹으면 안 된다'는 고정관념이 왕성한 자들은 스님들이 고르는 메뉴를 예의주시한다. 사실 그렇게 따지면 목사나 신부들도 고기를 먹으면 안 된다. 《성경》의 〈레위기〉 11장은 온통 육식의 절제와 관련된 내용들이다. "돼지는 소나 양처럼 발굽이 갈라졌으나(우제류偶蹄類) 되새김질을 하지 않으므로 돼지고기는 먹으면 안 된다. 물고기는 먹어도 되지만 지느러미와 비늘이 없는 물고기는 먹으면 안 된다. 곤충은 먹으면 안 되지만 메뚜기나 베짱이는 먹어도 된다." 소를 신성시하는 힌두교는 우육牛肉을 금기시하고 이슬람교에서는 돈육豚肉이 그렇다. 부정하다는 이유에서인데, 신성이 아닌 위생의 문제로 여겨진다. 붓다가 열반한 원인 가운데 하나로, 상한 돼지고기의 섭취로 인한 식중독이 제기된다. 삼겹살이든 갈매기살이든 무조건 바싹 익혀서 먹으라는 게 돼지고기다.

○ '일종식'을 지키기 위한 폭식(?)

조계종의 어느 원로 스님이 50여 년 전 해인사 강원에서 공부하던 시절을 얘기해줬다. 율사律師로 정평이 난 주지 자운 스님이 미얀마로 성지순례를 떠났다. 현지 최대 수도원에 귀빈으로 초청됐다. 스님들만 3,000명, 일하는 재가자까지 포함하면 4,500명이 거주하는 곳이었다. 한국에서 온 큰스님을 공양하겠다며 그들이 진상한 음식을 보자마자 자운 스님은 기겁했다. 밥술과 나물이나 몇 점 있어야 할 식탁에 소, 돼지, 양, 닭, 오리 등 온갖 종류의 고기들이 연거푸 올라왔기 때문이다. 진짜 압권은 그다음 장면이다. 그쪽 스님들은 거리낌 없이 익혀진 짐승들의 다리를 부여잡고 게걸스럽게 물어뜯었다. 속인들의 거나한 회식 자리와 다를 바가 없었다. 한국보다 미얀마가 더 잘살던 시대다.

매일같이 풀떼기만 씹던 터라 끝내 요리에 젓가락도 대지 못한 자운 스님은 겸연쩍어 주위를 둘러봤다. 폭이 3미터가 넘는 대형 칠판에 빼곡하게 글자가 적혀 있었다. 스님들을 대접하지 못해 발을 동동 구르던 시주자들 명단이었다. 수도원의 승려들이 하나같이 뚱뚱할 수밖에 없는 까닭이기도 했다. 평소 동남아시아 불교를 불교의 원조라 존중했고 남방의 스님들이 누구보다 계율을 철저히 지키리라 믿었던 자운 스님은 크게 실망한 채 귀국했다. '그렇게 마구 먹으니 일종식—種食, 하루에 한 끼만 그것도 낮 12시 이전에만 먹어야 한다는 계율이 가능한 게로군.' 자운 스님은 제자들의 영화 관람을 금지했고 사하촌寺下村에서 자장면이라도 먹고 오면 그 즉시 절에서 쫓아내던 어른이었다. 해인사로 돌아온 자운 스님은 한동안 이 말을 입에 달고 다녔다는 전언이다. "봐라." "먹어."

05

알량한 지식, 번듯한 신분…
다 내려놓고 들어와라

#일주문에 문이 없는 이유는?

시체를 담은 관棺을 방에서 들어낼 때, 톱으로 문지방을 살짝 도려내는 것이 상례喪禮의 전통이다. 망자가 현생에 미련이 남아 되돌아오는 불상사를 막기 위한 조치였다. 자기가 살던 처소가 어딘지 찾지 못해 별 수 없이 저승으로 갈 수밖에 없으리라고, 우리 조상들은 믿었다. 혼례에서도 문지방은 불길하게 여겨졌다. 막 결혼한 신랑이 처가에 가거나 신부가 시댁에 들어가려면 반드시 대문 앞에 피운 짚불을 뛰어넘거나 밟아서 꺼야 했다. 오는 길에 씌웠을지 모를 잡귀를 쫓자는 심산이었다.

또한 아기가 태어나면 21일간 금줄을 치고는 자기들끼리 기뻐했다. 쓰레기차 겨우 피하니 똥차가 달려드는 꼴로 빈번히 발생하는 역병과 외침外侵 속에서, 그들은 '바깥'이 참으로 무서웠을 것이다.

문지방은 이쪽과 저쪽의 경계다. 이도저도 아닌 미정未定과 불안의 상태인 것이다. 그래서 '문지방을 밟으면 복이 달아난다'라는 통념이 생긴 것도 같다. 중간을 좀처럼 용납하지 못하는 게 한국인들이다. 양자택일에 탐닉하는 습성은 당파싸움이 땔감을 대고 남북분단이 기름을 부었다. 상식을 주장하는 목소리에 '종북'을 들이대고 균형을 이야기하면 변절이라 몰아붙이는 세태를 보면, 우리는 확실히 배달민족이다. 이에 반해 불교의 중도中道는 최선의 대안을 내기 위한 지혜이고 노력이고 대화다. 불교적 삶의 방식이 우리 사회에 좀처럼 보편화되지 않는 까닭에는, 생각하기 귀찮아하는 국민적 경향성도 포함된다는 생각. 다짜고짜 편을 가르고 자기 편 안에 머물면 세상 편하다. 다만 무식해질 뿐.

대웅전의 부처님을 만나기까지… 절에 가면 통상적으로 네 개의 문을 거친다. 일주문–금강문–천왕문–불이문 순이다. 일주문
一柱門은 대다수 명산대찰의 초입이다. 기둥이 일렬로 늘어서 있어서 붙여진 이름이다. 일주문을 기점으로 문 밖은 타락한 속계
俗界 문 안은 거룩한 진계眞界로 갈라진다. 문은 문인데, 정작 문은 없다. 문짝 없이 훤히 뚫려 있다. 이쪽과 저쪽의 경계가 매우 희미하다. 부처님이 머무는 도량道場은 일체의 중생에게 열려 있다는 함의를 갖는다. 지극한 일심一心으로 부처님께 귀의歸依하라는 의미도 내포했다.

오대산 월정사, 가야산 해인사, 지리산 화엄사, 금정산 범어사 등등 웅장하고 유서 깊은 사찰들은 일주문에 다들 '○○산 ○○사'라는 현판을 걸고 있다. 어느 산에 있는 어느 절이라는 뜻이자 산사山寺라는 명칭의 유래다. '산'은 비범한 고도高度와 탈속
脫俗으로써 인간에게 청정淸淨을 가르치고 수련修鍊을 재촉한다. 특히 한반도의 절은 유난히 산속에 많다. 일단은 워낙 산이 많아서이다. 조선 왕조의 대대적인 억불抑佛 정책으로 인한 피신의 산물이기도 하다. 이때는 절집이나 점집이나 별달리 차이가 없었다.

궁극적으로는 참선 수행을 중시하는 선종禪宗 계열이기 때문이다. 구산선문九山禪門이란 나말여초羅末麗初 시기의 선승들에 의해 성립된 아홉 곳의 참선근본도량을 가리킨다. 가지산문(전남 장흥 보림사), 수미산문(황해 해주 광조사), 사굴산문(강원 강릉 굴산사), 사자산문(강원 영월 흥녕사), 성주산문(충남 보령 성주사), 희양산문(경북 문경 봉암사), 동리산문(전남 곡성 대안사), 실상산문(전북 남원 실상사), 봉림산문(경남 창원 봉림사). 경북 경주에 있던 왕권과 거리를 두며 자리를 잡았다. 지방 호족들의 경제적 후원이 있기는 했으나 본질적으로는 순수했다. 진리는 문자나 개념으로 전달할 수 없으며 '사람이 있는 그대로 부처'임을 단박에 밝혀준다는 '불립문자不立文字 교외별전敎外別傳'은 그야말로 혁신적인 사상 체계였다. 글을 몰라도 부처가 될 수 있었던 것이다. 단출하고 담백한 이데올로기는 교학 불교의 이론적 번쇄함과 귀족적 사치에 넌덜이 난 지식인과 민중의 지지와 신뢰를 끌어냈다. 무엇보다 신도들에게 손 벌리지 않고 직접 농사지으며 스스로 벌어먹었다고들 한다.

○ 절에 가는 길이 극락으로 가는 길

우리나라의 기와집들은 주심포 양식과 다포 양식, 맞배지붕과 팔작지붕만으로도 종류의 구분이 가능하다. 지붕의 무게를 분산해 지탱하는 장치인 공포栱包가 상대적으로 적으면 주심포柱心包요, 많으면 다포多包다. 주심포 양식의 건물은 작고 단아한 편이며 다포는 조선시대 이후에 지어진 궁궐에 많이 쓰였다. 기와가 밋밋하게 흘러내리는 지붕은 맞배지붕이요, 좌우를 파내서 날개처럼 활짝 펴진 지붕은 팔작지붕이다. 아울러 기둥이 아래쪽으로 가면서 서서히 넓어지는 기둥은 민흘림기둥이요, 가운데가 불룩한 것은 배흘림기둥이다.

미끈한 기둥 두 개가 지탱하는 일주문은 몸체가 가녀리다. 반면 나머지 문들은 두툼하다. 일주문에서 조금 걸으면 금강문이다. 좌우에 금강역사金剛力士가 지키고 섰다. 왼쪽은 밀적금강密迹金剛, 오른쪽은 나라연금강那羅延金剛이다. 나라연금강은 그 힘의 세기가 코끼리의 100만 배다. 밀적금강은 손에 금강저金剛杵라는 무기를 소지했다. 번개를 만들 수 있다. 밀적금강이나 나라연금강이나, 둘 다 굵직한 알통을 한껏 자랑하는 포즈다.

금강문에서 더 가면 천왕문이다. 불법을 수호하는 사천왕四天王을 모신 건물이다. 본래 고대 인도에서 신들의 왕이었으나 부처님에 감읍해 당신의 경호관을 자청했다. 인도의 신화에 따르면, 세상에서 가장 높다는 산인 수미산須彌山의 사방四方을 호위하는 수문장들을 절에 데려다 놓은 것이기도 하다. 코흘리개들은 사천왕을 보면 울기도 한다. 너무 무섭게 생긴 탓이다. 신장은 보통 3미터 이상이고 있는 힘을 쥐어짜 험상을 짓고 있다. 전형적인 무장武將의 형태다. 사실 이유는 대단히 간명하다. 차원은 천양지차지만 조폭 사회의 '기도'들을 떠올려보자. 어쨌든 그들도 누군가를 지킨다.

사천왕의 신체 색깔은 방위方位의 오행五行에서 따왔다. 동쪽을 방어하는 지국持國천왕의 몸은 청색이다. 왼손에는 칼을 잡고 오른손은 주먹을 쥐어서 허리에 대거나 보석을 손바닥에 올려놓은 자세를 취한다. 서쪽의 광목廣目천왕은 백색이며 입을 벌리고 있다. 천둥과 맞먹는 불호령으로 세간의 온갖 수다와 험담을 잠재우는 모습이다. 북쪽의 다문多聞천왕은 흑색이며 비파琵琶를 연주하는 형상이다. 남쪽의 증장增長천왕은 적색인데, 그야말로 최고의 역발산기개세다. 용龍을 무슨 지렁이 갖고 놀듯 움켜쥐고 있다. 왼손엔 용의 입에서 강제로 뽑아낸 여의주가 들려 있다.

불이문不二門은 금강문이나 천왕문과는 달리 온건하다. 본당本堂인 대웅전에 들어서는 마지막 관문. 수미산 정상에 달린 이 문

을 통과하면 도리천忉利天에 다다른다. 그리스신화 속 신들의 왕
인 제우스에 필적하는 제석천帝釋天이 다스리는 땅이다. 땅이면
서 하늘이다. 여기서부터는 극락이기 때문이다. 산스크리트 '도
리dori'를 한역하면 33이다. 수학여행의 영원한 메카인 경주 불국
사의 경우 불이문에 해당하는 문은 자하문紫霞門이다. 자하문까지
가려면 청운교와 백운교의 33계단을 거치게 된다. 33천을 상징
한다. 해탈문解脫門이라고도 한다. 절에 가는 길이 극락으로 가는
길인 셈이다.

ㅇ 입차문래 막존지해

일주문은 퍽이나 불안정한 구조다. 초가집이든 마천루든 모든
건물은 기본적으로 네 기둥이 떠받치는 게 상식이다. 비슷하게
생긴 홍살문紅箭門이 있기는 하다. 서원이나 향교 앞에 세워진 홍
살문은 일주문처럼 기둥이 두 개뿐이다. 기둥이 일주문보다 가
늘어서 일주문처럼 두터운 지붕을 얹지는 못한다는 게 차이점
이다. 동짓날의 팥죽과 같이 귀신을 쫓는다는 적색으로 기둥을
칠한 것은 일주문과 똑같다. 말에서 내려 예를 표하라는 하마비
下馬碑가 세워진 것도 공통점이다.

일주문이 본격적으로 복원된 때는 임진왜란이 끝난 직후부터다. 부산 범어사 일주문은 1613년, 구례 화엄사 일주문은 1630년, 속초 신흥사 일주문은 1644년에 세워졌다. 다들 오늘날 조계종의 각 교구敎區를 관장하는 본사本寺이자 대찰이다. 농사 기술이 발전하고 상업이 번창하면서 자생적 자본주의가 태동하던 시기다. 내세를 부정하는 유교에서는 죽음 이후를 위로받을 수 없었다. 공식적으로는 숭유억불 체제였으나, 영혼을 믿는 왕실과 양반들의 비공식적인 지원에 따른 불사佛事가 잇따랐다. 결정적으로 '7년 전쟁'을 치르면서 승려에 대한 위정자들의 시각이 크게 달라졌다. 현실 도피자들인 줄로만 알았는데, 누구보다 먼저 나라를 위해 목숨을 던졌다.

마음을 비우면 몸도 가벼워진다. 인생의 진로가 막혔을 때는 일주문만 지나도 한시름은 놓을 수 있다. 인생은 언제나 흐르고… 당장은 막혔더라도 기어이 뚫린다는 희망을 제공한다. '입차문래入此門來 막존지해莫存知解.' 일주문에서 주로 볼 수 있는 글귀다. '이 문 안에 들어오면 알음알이를 내지 말라'라는 뜻이다. 세인들이 우러러보는 학문조차도 세속의 찌꺼기일 뿐인 것이다. 알량한 지식과 번듯한 신분은 더 말할 나위가 없다. 항시 열려 있다고 아무렇게나 들어와서는 안 된다.

06

불교의 모든 현자賢者는
성자聖者다

#'대웅전'과 '대웅보전'은 다른 법당인가?

불교에서 신성한 존재는 불보살佛菩薩로 통칭된다. 혹자는 '불'과 '보살'의 차이를 묻는다. 굳이 등급을 가른다면 전자는 신神, 후자는 초인超人 정도로 갈음할 수 있겠다. 《화엄경》은 보살이 되는 단계를 52위位로 분류해놓았다. 그리고 이걸 뛰어넘으면 비로소 부처님이다. 하기야 부처님이든 보살이든 공空을 통찰했다는 점에서는 별반 차이가 없다. 부처님과 마찬가지로 보살 역시 누구도 미워하지 않으며 무엇에도 집착하지 않는다. 부처님이 깨달음 그 자체라면 보살은 그 깨달음을 실현하는 인간이다. 남

의 몸을 내 몸 아끼듯 한다. '나'와 '너'가 다르지 않다는 불이不
二의 지평에 서 있는 덕분이다. 가진 걸 다 내주어도 웃으며, 희
생돼도 억울해하지 않는다. 불교의 모든 현자賢者는 성자聖者다.

○ 협시불이 보살이면 대웅전, 부처이면 대웅보전

어느 사찰에나 전각殿閣이 있다. 크고 오래된 절일수록 전각도
많다. 상대적으로 큰 건물은 전殿, 작은 건물은 각閣이라 한다.
아랫도리가 휑하니 뚫린 채 기둥들로만 서 있는 건물은 루樓.
'전'은 규모도 규모거니와 지위가 상대적으로 높은 불보살佛菩薩
을 봉안한 집이다. '큰집'마다 대웅전, 대적광전, 극락전, 미륵
전, 원통전, 약사전, 팔상전, 나한전, 명부전, 대장전 등등 다들
이름이 다르다. 내부에 어떤 불보살을 모셨느냐에 달렸다.

　대웅전大雄殿은 석가모니불釋迦牟尼佛, 기원전 624~544을 중심에 모
신 법당이다. 역사상에 실존했던 부처님이자 부처님오신날의
주인공인 부처님이다. '위대한 영웅', 인간을 일깨우고 보살피
는 현실세계의 영원한 교주다. Sakyamuni(사캬무니), 석가족
族의 성자. '대웅大雄'은 산스크리트 'Mahavira(마하비라)'를 번
역한 말이다. 《법화경》에서 석가모니불을 대웅이라고 받든 데

서 유래했다. 한편 중심이라 한 까닭은 양옆에 부처님을 모시는 '보조자'를 두기도 해서다. 협시挾侍. 각각 부처님의 지혜와 자비를 대리하는 문수文殊보살과 보현普賢보살을 좌우에 배치하는 경우가 보편적이다.

내세來世를 다스리는 아미타불阿彌陀佛과 중생의 고통을 치료하는 약사여래藥師如來를 석가모니불 사이에 나란히 두기도 한다. 이를 통틀어 삼존불三尊佛이라 일컫는다. 살아서 무탈하고 죽어서도 행복하길 바라는 일체 중생의 보편적인 욕망이 투영됐다. 여래如來:Thatagata란 '진리에 도달했다' 또는 '진리로서 이 땅에 오다'라는 뜻이다. 삼존불이 자리한 법당에는 결국 보살을 넘어 최상의 등위에 오른 부처님이 세 분이나 있는 셈이다. 이런 대웅전은 대웅보전大雄寶殿이라 한층 존칭한다.

○ 주불主佛인가 아닌가에 따라 전각의 이름도 바뀐다

대적광전大寂光殿은 비로자나불毘盧遮那佛을 본존本尊으로 한다. 석가모니불이 인격으로서의 부처님이라면, 비로자나불은 진리로서의 부처님이다. 태양이 온 세상을 환히 비추는 것처럼 불법佛法은 어디에나 임재하고 있다는 사상을 형상화했다. 극락전極樂

殿의 주인은 극락정토의 주재자인 아미타불이다. 그 광명이 끝없어 1,000억 개의 세계를 비추고도 한참이 남으며 그 수명이 끝없어 1,000억 번의 생을 살아도 끄떡없다. 그래서 극락전의 별명이 무량수전無量壽殿이다. 극락전 역시 부처님 세 분을 두면 극락보전.

약사전藥師殿은 앞서 밝힌 대로 약사여래(약사불)를 받드는 공간이다. 약사유리광여래藥師瑠璃光如來·대의왕불大醫王佛이라고도 한다. 흔히 약사여래불이라고도 칭하는데 '여래'와 '불'의 동어 반복이므로 자제하는 것이 옳다. 중생에게 닥친 질병과 재난을 없애준다는 신성神聖이다. 미륵전彌勒殿은 56억 7,000만 년 뒤에 내려와 중생을 구제한다는 미륵불의 집이다. 그가 미래에 일굴 불국토가 용화세계이므로 용화전龍華殿이라고도 한다. 팔상전八相殿의 외벽에는 1.강림降臨 2.탄생 3.고뇌 4.출가 5.고행 6.대오大悟 7.설법 8.열반 등 석가모니불의 일생을 여덟 장면으로 압축한 그림이 둘러쳐졌다. 대장전大藏殿은 부처님의 '말씀'을 모신 공간이다. 대장경大藏經의 '대장'이다. 한편 석가모니불의 유해인 진신사리眞身舍利를 봉안한 법당은 적멸보궁寂滅寶宮이다. 부처님이 '실제로' 계시다는 설정 아래, 별도의 불상을 두지 않는다.

개중엔 문수보살과 보현보살 대신 관세음보살과 지장보살이 석가모니불을 협시하는 대웅전도 있다. 구세주를 애타게 구하는 범부들의 갈망이 극대화되면 이렇게 된다. 관세음보살은 이승에서 허덕이는 중생을 구제하며, 지장보살은 저승에서 허덕이는 중생을 구제한다. 지장전地藏殿은 그를 본받고자 하는 곳이다. 지장보살이 머무는 지옥 또는 사후세계에서 착안해 명부전冥府殿이라고도 한다. 또한 저승에 가면 진관왕, 초강왕, 송제왕, 오관왕, 염라왕, 변성왕, 태산왕, 평등왕, 도시왕, 오도전륜왕등 10개 심급審級의 판사를 만나야 하므로 시왕전十王殿이라고도한다. 본래는 '십왕'이겠으나 받침 'ㅂ'이 소멸됐다. 굳이 살리면어감이 거북하다.

ㅇ 부처님과 동급인 관세음보살

같은 부처님을 모셨는데도 이름이 다른 전각도 있다. 대적광전을 어느 절에서는 비로전毘盧殿 또는 화엄전華嚴殿이라 부르고, 극락전에 미타전彌陀殿 현판을 붙인 절도 있다. 그 부처님이 그 사찰의 주불主佛이냐 부불副佛이냐에 따라 갈린다. 예컨대 비로자나불이 1인자라면 대적광전이지만, 석가모니불이 절의 중심에 있다면 비로전으로 작아진다. 화엄전이라 명명한 이유는 비로자나불이 《화엄경》을 설법하는 주인공이기에 그렇다. 극락전 또한 아미타불이 주불이면 극락전이지만, 주불이 아니라면 미타전 (아미타전)으로 쪼그라든다.

관세음보살을 모신 원통전圓通殿도 관음전觀音殿이란 별칭을 갖는다. 주불이면 원통전, 부불이면 관음전이다. 주목할 점은 부처님보다 낮은 보살의 지위임에도 주불로 옹립한다는 것이다. 심지어 원통보전이라고까지 높인다. 삼라만상의 신음소리를 한꺼번에 끌어와 들으며 그들의 깊은 병고를 단숨에 녹여준다는 관세음보살이다. 한국을 비롯해 동북아시아에서는 유난히 관음신앙이 강하다. 중국에서는 관음전을 대비전大悲殿이라고도 한다. 자비의 법력法力은 약사여래를 능가할 만큼 강력하다.

나한전羅漢殿은 석가모니불의 직계 제자들을 기리는 공간이다. 그들은 최고의 지혜를 성취한 아라한阿羅漢들이었다. 500명이 깨달아서 '오백나한'이다. 영산전靈山殿이 별명이다. 붓다가 인도 동북부 라즈기르에 있는 영축산에서 500아라한을 모아놓고 《법화경》을 설법한 영산회靈山會에서 따왔다. 불화佛畵의 다수를 차지하는 영산회상도靈山會上圖는 이 장면을 그린 것이다. 영산전은 진리에 다가갔다고 해서 응진전應眞殿이라고도 한다. 이밖에 조사전祖師殿은 이름난 고승高僧이나 그 절의 역대 큰스님을 추모하는 건물이다. 구태여 계급을 매긴다면 불 - 보살 - 나한 - 조사 순이겠다.

o 물고기는 사시사철 '뜬눈'으로 법문한다. "늘 깨어 있으라…."

삼성각三聖閣은 한국불교만의 산물이다. 우리 고유의 토속신인 산신山神·독성獨聖·칠성七星을 모셨다. 따로따로 모시면 산신각, 독성각, 칠성각이다. 독성은 스승 없이 혼자 힘으로 깨달았다는 현자(나반존자那畔尊者)이며 칠성은 수명을 연장시켜준다는 신령님이다. 범종각梵鐘閣은 범종을 달아두어서 범종각이다. 이 안에는 범종을 포함해 법고法鼓 목어木魚 운판雲版까지 사물四物을 두거나 걸기도 한다.

사물은 각각 지옥과 육지와 바다와 하늘에 사는 중생들을 위한 부처님의 설법이다. 인간의 언어를 알아들을 수 없겠기에 소리로써 가르치고 다독인다는 상징을 갖는다. 범종은 가장 크고 무거운 쇳덩어리다. 그리하여 지옥까지 들릴 만치 웅장한 음파를 지녔다. 운판은 가장 작고 가벼운 철판이다. 쉴 새 없이 날아다니고 재잘거리는 참새의 운신을 청각화한 듯하다. 육지의 짐승을 제도하는 법고는 소가죽으로 만든 큰북이며, 바다의 짐승을 제도하는 목어는 통나무의 몸통을 파서 제작한다. 쇠로 된 종인 풍경風磬은 법당 지붕 처마에 매달려 바람이 불 때마다 울린다. 종에는 목어와 같이 물고기가 걸렸다. 어류는 선천적으로 눈을 감지 못한다. 늘 깨어 있으라며 수시로 뎅그렁거린다.

  어느 부처님을 주불로 정하느냐는 사찰이 위치한 지역의 역사와 설화, 종파적 특징에 따라 좌우된다. 예를 들어 팔만대장경을 봉안한 법보종찰法寶宗刹 해인사는 신라 화엄종 계열이다. 그래서 대적광전이 중앙에 들어섰다. 불보佛寶종찰 통도사에는 적멸보궁이 있다. 16명의 국사國師, 임금의 자문역를 배출한 승보僧寶종찰 송광사에는 조사전 대신 국사전이 있다. 사찰을 창건하는 스님의 취향도 영향을 미친다. 납골당의 주불은 어김없이 아미타불이다.

07

마음만 고쳐먹으면,
만나는 모두가 부처

#법당에는 왜 세 분의 부처님을 모시나?

과거와 미래 사이에 현재가 있다. 하늘과 땅 사이에 사람이 있다. 남자와 여자 사이에 자식이 있다. 자고로 두 명을 넘어 세 명이 모여야만 비로소 사회다. 다수결과 왕따가 발생하기 때문이다. 그리고 '3'이라는 갈등과 조정 속에서 다시 'α(알파)'라는 발전과 도약이 싹튼다. 또한 패자는 '삼세 번'을 주장하며 투지를 다진다. 그리하여 '3'은 중심이고 결실이며 변화이자 희망이다.

가난한 절은 법당에 한 분의 부처님을, 형편이 되는 절은 법당에 세 분의 부처님을 모신다. 가운데에 본존불本尊佛을 봉안奉安하고 좌우에 협시불挾侍佛을 두는 게 보편적인 형식이다. 시간을 강조하려면 삼세불三世佛을, 교리를 강조하려면 삼신불三身佛을, 신력神力을 강조하려면 삼존불三尊佛을 섬긴다. 일단 불교를 창조한 석가모니불이 중앙에 위치한다. 부처님은 과거에도 있었고 미래에도 반드시 있다는 사실을 강조하려면, 석가모니불의 전생이었던 '과거칠불過去七佛'과 먼 훗날에 온다는 미륵불을 나란히 올려둔다. 비바시불毘婆尸佛·시기불尸棄佛·비사부불毘舍浮佛·구류손불拘留孫佛·구나함모니불拘那含牟尼佛·가섭불迦葉佛이 석가모니불의 전생을 살았던 부처님들이다.

당신의 지혜와 자비가 단순히 한 사람의 특출한 능력이 아니라 누대에 걸친 역량임을 시사한다.《용비어천가龍飛御天歌》를 떠올리면 이해가 빨라진다. 조선의 건국은 이성계의 고조할아버지 때부터 이미 예정돼 있었다는 설정이다. 물론 시간의 길이로 따지면 이씨 왕조와는 비교조차 안 된다. 겁怯은 불교에서 말하는 가장 긴 시간의 단위다. 우주가 시작되어 파괴되기까지다. 구류손불까지는 지금으로부터 1겁 이전을 살았다. 미래도 까마득하기는 마찬가지다. 미륵불은 56억 7,000만 년 뒤에 온다.

o 법신불 = 비로자나불, 보신불 = 아미타불, 화신불 = 석가모니불

삼신불은 법신불·보신불·화신불을 뭉뚱그린 말이다. 법신불法身佛인 비로자나불은 진리로서의 부처님이다. 영원히 변하지 않는 만유萬有의 본체를 가리키며 빛깔도 없고 형체도 없다. 보신불報身佛인 아미타불은 수행으로서의 부처님이다. 극락에 계신다는 아미타불은 진정한 '노오오오력(?)'의 아이콘이기도 하다. 법장法藏보살이 48개의 대원大願을 세우고 지독한 고행과 난행으로 정진하여 마침내 아미타불이 되었다는 전언이다. 화신불化身佛은 교화敎化로서의 부처님이다. 사바세계에 몸소 내려와 입으로 가르치고 손으로 기적을 행하는 '실제적인' 부처님을 일컫는다. 사람의 몸을 받았다 해서 응신불應身佛이 별칭이다. 불교의 교조敎祖인 석가모니불을 가리킨다.

기독교에서 은총에 해당하는 말이 불교에서는 '가피加被'다. 가피력으로 셈하면 삼존불三尊佛이 첫손이다. 석가모니불을 중심으로 아미타불과 약사여래로 구성된다. 양쪽의 부처님은 내세의 안녕과 현세의 무병까지, 중생의 욕망을 직접적으로 충족해줄 수 있는 부처님이다. 돈 없고 힘없는 민초들이 기대게 되는 대상은 결국 가장 착한 존재가 아니라 가장 강한 존재이게 마련

이다. 아울러 '힐링Healing'을 좀 더 부각시키려면 관세음보살과 지장보살이 부처님을 호위하도록 한다. 이승의 눈물을 닦아주고 저승의 고통을 씻어준다는 성자들이다.

한편 석가모니불 대신 비로자나불을 중앙에 모시는 사찰이 많은 것은 한국불교만의 특징이다. 한국불교가 속한 대승불교의 이념적 결정체인 《화엄경》을 설법하는 부처님이 비로자나불인 까닭이다. 화엄華嚴이란 부처님의 세계가 온갖 꽃들이 피어서 끝없이 펼쳐진 평원과 같은 곳임을 가리킨다. 거기에는 부처 아닌 존재가 없으므로 나도 부처다. 하물며 할미꽃도 꽃인데 내가 어떻게 꽃이 아닐 수 있나. 이런저런 보살들이 부처님의 법력을 찬탄하는 장면도 다수다. 노래하라, 그대가 부처임을.

○ 손 모양만 봐도 어느 부처님인지 알 수 있다

부처님은 손으로도 법문한다. 수인手印. 양손의 모양으로 자신이 부처임을 보여주는 신분증과도 같다. 석가모니불과 비로자나불과 아미타불은 형체만으로는 구분이 쉽지 않은데, 수인으로는 단박에 식별할 수 있다. 선정인禪定印은 석가모니불이 참선을 할 때 취하던 자세다. 양손을 포개 아랫배에 내려놓았다. 항마촉지인降魔觸地印이어도 무조건 석가모니불이다. 선정인을 풀고 오른손으로 땅으로 가리키는 자세다. 당신의 법력을 증언하라며 지신地神에게 지시하는 모양새인데, 생전의 붓다가 실제로 취했던 자세다. 석가모니불은 이것으로 성욕과 공포를 부추기며 선정을 방해하는 마왕魔王 파순에게서 항복을 받아냈다. 오른손을 들어 반갑게 인사를 하는 듯한 시무외인施無畏印과 왼손을 바닥이 보이게 펴서 편안히 내려놓는 여원인與願印은 '한 세트'다. 오른손으로는 술 취한 채 달려드는 코끼리를 막아 세우고, 왼손으로는 옷자락을 쥐었다는 역사적 배경을 갖는다. 만취한 코끼리는 철천지원수 데바닷타가 보낸 '자객'이었다.

지권인智拳印이면 무조건 비로자나불이다. 왼손의 검지를 오른손으로 감싸 쥐었다. 아미타구품인阿彌陀九品印이면 무조건 아미타불이다. 양손의 손가락으로 '오링O-Ring'을 만들고 오른손은 쳐들면 된다. 어느 손가락으로 오링을 만들었느냐에 따라 9가지 종류로 나뉜다. 구품이란 중생의 지적 수준을 아홉 등급으로 나눈 것이다. 손으로 바퀴를 그린 전법륜인轉法輪印은 우리나라에는 드물다. 이밖에 약사여래는 수인을 그리는 대신 약병을 쥐었다. 머리에 화관을 썼으면 관세음보살이고, 초록색 민머리에 금색 고리를 둘렀으면 지장보살이다.

○ '삼신할미'의 '삼'은 '3'이 아닌 '삼다'

'삼신할미'에도 3을 중시하는 한국인들의 습성이 나타난다. 민속 신앙에서 아이를 점지해준다는 토속신이다. 할머니가 3명이라 해서 또는 '잉태'와 '출산'과 '양육'을 담당한다고 해서 '삼신'이라 불린다는 추정이 있다. 그러나 숫자 '3'이 아니라 우리말 동사 '삼다'에서 파생됐으리란 설이 더 유력하다. 새끼줄을 꼬아 짚신을 만들 때 '삼는다'고 표현한다. 태胎의 순우리말은 삼이며 탯줄은 삼줄이라고 불렀다. '삼신三神'이 '산신産神'의 음운변이音韻變異라는 의견도 이와 맥락이 닿는다. 곧 생명을 창조하는 신이라는 의미로 삼신을 해석할 수 있다. 법당에 세 분의 부처님을 모시는 연원 역시 여기서 찾을 수 있다.

3은 '많다'라는 개념으로도 알려져 있다. 아프리카의 어느 부족은 숫자 개념이 1과 2밖에 없어 3부터는 그냥 많다고 말한다. 영어의 'thrice'는 '세 번'과 함께 '몇 번이고'라는 뜻도 갖는다. "그리하여 부처님에게서 복 '많이' 받으시오." 3이 거듭되는 '33'은 그야말로 영원한 길상의 숫자다. 새해맞이 보신각 종소리는 서른세 번 울린다. 수미산 끝자락 33천夭의 신들에게까지 소원이 가닿길 바라는 마음을 담았다. '3'에 대한 집요한 관심은 나라 밖 불교에서도 동일하다. 히말라야의 소국 부탄에 티베

트불교를 전한 인물은 '파드마삼바바Padmasambhava:蓮花生:연화생'
다. 그는 오늘날 부탄불교를 대표하는 성소인 탁상Taktsang 사원
이 지어진 동굴에서 정확히 3년 3개월 3일 3시간 동안 면벽 수
행했다. 산스크리트 '삼보디Sambodhi'는 완전한 깨달음을 일컫는
다. '3'은 우리에게나 '삼'이라는 발음이겠건만, 한자를 쓰지 않
는 외국인들도 '삼'이라는 소리를 매우 신령스럽게 여기는 듯
하다.

○ 하늘이 무너져도 불법은 무너지지 않는다

결론적으로 삼세불과 삼신불은 부처님이 시공時空을 초월해 절
대적 위상을 갖는다는 걸 보여준다. 중생을 제도하기 위하여 여
러 세상에서 여러 모습으로 기어이 나타난다는 상징이다. 교리
적으로도 3은 근간이다. 먼저 부처님 가르침의 알짬인 삼법인
三法印. 세상은 변화하게 마련이니 지금 힘들다고 너무 낙심하지
말라는 '제행무상諸行無常', 모든 존재는 실체가 없으니 쓸데없이
고집 피우지 말고 영혼 따위를 믿어 무당에게 속지 말라는 '제
법무아諸法無我' 그리고 이러한 이치를 모르면 만사가 괴로움이
라는 '일체개고一切皆苦'가 그것이다. 아울러 탐진치貪瞋痴 삼독三

毒은 계정혜戒定慧 삼학三學으로 다스린다. 탐욕은 몸을 정갈히 하는 계율로, 분노는 마음을 가라앉히는 선정으로, 어리석음은 계율과 선정으로 얻은 지혜로써만 떨쳐낼 수 있다는 것이다.

부처님의 후계자인 마하가섭부터 중국에 법을 전한 달마와 법을 완성한 혜능까지, 대대로 법통을 계승한 33인의 스님을 '33조사祖師'라고 한다. '삽삼卅三조사'라고도 읽는다. 단순히 33명이 아니라, 부처님을 따르는 제자는 기필코 끊이지 않으리라는 의미로 풀이해야 적확하다. '전삼삼前三三 후삼삼後三三'은 난해하기로 소문난 화두다. 지혜의 화신인 문수보살은 참된 불법의 세계에 대한 질문을 받자 "범부와 성인이 함께 있고 용과 뱀이 뒤섞여 있다"며 "앞에도 33, 뒤에도 33"이라고 말했다. 알고 보면 쉽다. 성인들에게선 그들의 인생을 본받고, 범부들에게선 그들의 인생을 견디면서 조금씩 성장해 나가는 것이 보살의 인생이다. 나를 살려주면 은인이지만, 나를 죽여줘도 스승인 것이다. 그래서 마음만 고쳐먹을 수 있다면, 만나는 모두가 부처님이라는 것.

08

가장 위대한 마음은…
더는 내려갈 곳이 없는 마음

#'아녹다라삼먁삼보리'는 무슨 뜻일까?

1989년 3월 개봉한 〈아제아제 바라아제揭諦揭諦 波羅揭諦〉는 구도 영화다. 일반인들에게는 스님이 주인공이기만 해도 생소할 텐데, 비구니를 소재로 다뤄 더욱 화제가 됐다. 제목을 한글로 풀면 '가자. 가자. 건너가자'라는 뜻이다. 《반야심경般若心經》의 종반부를 장식하는 글귀다. 원문은 '아제아제 바라아제 바라승아제 보리 사바하揭諦揭諦 波羅揭諦 波羅僧揭諦 菩提薩婆訶.' '提(제)'는 한국 불교에서 흔히 '리'로 읽힌다. 인도의 고어古語인 산스크리트(범어梵語)로는 '가테가테 파라가테 파라삼가테 보디 스바하gate gate pāragate pārasaṃgate bodhi svāhā.' 매우 심오한 의미를 담은 듯하지만, 변방의 오래된 외국어에서 비롯된 착시현상이다. '열심히 정진해서 해탈에 이르자'는 격려사쯤으로 정리할 수 있다. 한참 뒤쪽에서 이야기하겠지만 핵심은 앞쪽에 있다.

가차假借는 한자어를 구성하는 6가지 특질 가운데 하나다. 말만 있고 글자가 없는 경우, 비슷한 소리를 가진 글자를 빌려 쓰는 것을 가리킨다. 특히 다른 언어를 사용하는 국가의 명칭에서 다수 발견된다. 로마를 라마羅馬로, 잉글랜드를 영길리英吉利로, 아메리카를 미리견彌利堅으로, 프랑스를 불란서佛蘭西로, 이탈리아를 이태리伊太利로, 홀랜드(네덜란드)를 화란和蘭으로, 오스트리아를 오지리墺地利로, 이집트를 애급埃及으로, 필리핀을 비율빈比律賓으로, 아프가니스탄을 아부한사단阿富汗斯旦으로, 우루과이를 우류구宇柳具로, 탄자니아를 단좌니旦坐尼로 쓰는 식이다. 조금은 낯설고 조금은 우스꽝스러운 국명들은 이외에도 수없이 많다.

오랜 세월 중국의 영향력 아래에 놓였던 한국은 한자문화권에 속한다. 우리도 한동안 중국인들의 표기법을 그대로 따랐다. 근대 이전 서구 열강들의 나라 이름을, 한국인들은 이들을 먼저 접한 중국에서 적어주는 대로 읽었다. '오지리'에서, 오스트리

아는 제1차 세계대전까지만 해도 강대국이었다는 사실을 알 수 있다. 또한 인도에서 발생한 불교는 중원을 거쳐 한반도로 수입됐다. 그래서 불교의 여러 개념들은 상당수가 가차문자다. 불교가 어렵고 복잡하게 느껴지는 이유 가운데 하나다.

○ 인도의 인사 '나마스테'… 나 그대에게 모두 드리리

산스크리트Sanskrit는 고대 인도의 표준어다. 기원전 5세기에서 4세기 사이 문법학자 파니니Panini가 서북인도 지식계급의 언어를 기초로 완성했다. 원래 발음은 '싼쓰끄리뜨'에 가깝다. 동아시아에서는 범어梵語라고 부른다. 흔히 '산스크리트어'라고 칭하기도 하는데 동어 반복이므로 '어語'는 생략하는 것이 좋다. 대부분의 대승불교 경전은 산스크리트로 쓰였다. 《반야심경》《금강경》《원각경》《화엄경》 등 우리가 알고 있는 보편적인 경전은 모두 대승불교를 가르친다. 피안으로 가는 길엔 '큰 수레大乘'를 준비해서 최대한 많은 생명을 태우고 함께 가라는 뜻이다. 보살菩薩이란 최고의 인격을 제시하며 깨달음의 적극적인 실천을 강조한다.

'보살'의 어원이 바로 산스크리트다. 보리살타菩提薩埵의 준말이며 'bodhi(지혜)'와 'sattva(자비)'의 결합이다. 보살은 '나'라고 하는 실체가 없음을 알기에, 내가 가진 모든 것을 남과 더불어 나눌 줄 아는 인간이다. 마음을 비우고 내려놓을 수 있다면 그때만은 다들 보살일 것이다. 절에 다니는 여인들도 으레 보살이라 부르는데, 그녀들이 그만큼 불교에 충직한 덕분이다.

'나무아미타불'은 '보살님'들의 대표적인 입버릇이다. '극락에 계신 아미타부처님께 귀의한다'는 의미다. 아미타불은 Amitabha아미타브하:無量光, Amitayus아미타유스:無量壽에서 유래했다. 끝mita이 없는a 빛 또는 목숨을 지닌 부처님이다. '나무南無'는 namah(나마)에서 왔다. 귀의歸依한다는 건 당신의 사람이 되어 살겠다는 최고의 예경禮敬이다. 오늘날 인도인들의 인사인 '나마스테namaste'를 한번쯤은 들어봤을 것이다. '테'가 당신이다. 'aste'는 '~에게'라는 조사助詞, to you. 결국 '나마스테'는 흘러간 어느 유행가의 제목과 그 뜻이 정확하게 일치한다. '나 그대에게 모두 드리리.'

o '메시아'의 어원은 '미륵불'… '사바하'는 '아멘'

부처님들의 이름도 거개가 산스크리트다. 일단 석가모니불이 그렇다. '깨달은 자'를 일컫는 Buddha(붓다)가 중국으로 와서 '부텨'가 되었고 한국으로 와서 '부처'가 되었다. 석가모니釋迦牟尼는 '샤캬무니sakyamuni'를 본뜬 낱말이다. 샤캬족族의 성자. 비로자나불의 비로자나毘盧遮那는 'vairocana바이로차나:대광명:大光明'가 기원이다. 미륵불의 미륵彌勒은 Maitreya(마이트레야)다. 기독교에서 구세주를 뜻하는 메시아Messiah의 어원으로 여겨진다.

'옴마니반메훔唵麽口鉢銘吽'은 유명한 주문呪文이다. 'om mani padme hum'이라는 여섯 음절로 나눠지는 육자대명왕진언六字大明王眞言. 이걸 외우면 관세음보살의 자비를 입어 모든 번뇌와 죄악을 멸할 수 있다. 뜻을 생각하기보다는 소리 자체가 지닌 힘에 집중하는 것이 더 효과적이다. '수리수리마수리'의 근원인 '수리 수리 마하 수리 수수리 사바하'는 거짓되고 모진 말로써 지은 죄를 씻는 정구업淨口業 진언이다. '옴 살바 못자 모지 사다야 사바하'는 그간에 입과 몸과 마음으로 저지른 죄를 뉘우치는 참회懺悔진언이다. '뜻대로 이루어지리라'는 축원祝願을 담은 '사바하svāhā, 娑婆訶'는 기독교의 '아멘'과 같다.

《금강경》은 수행을 통해 성숙되어 가는 단계에 대해 설명하고 있다. 수다원須陀洹 사다함斯陀含 아나함阿那含 아라한阿羅漢으로, 각각 'srota-apanna' 'sakrd-agamin' 'anagamin' 'arhan'의 음차다. 욕망을 얼마나 끊어냈느냐 그리고 그에 따라 고통스러운 생사의 윤회를 얼마나 줄여냈느냐가 등급을 가르는 기준이다. 수다원은 인간세계에 일곱 번 더 오면 해탈할 수 있는 자이고, 사다함은 딱 한 번만 더 오면 해탈할 수 있는 자이다. 아나함은 인간세계에 더는 오지 않는 자이고, 아라한은 아예 육도를 초월한 자다.

○ 반야? 애써 지혜로워지지 않으려는 지혜

《서유기》에 등장하는 삼장법사의 실제 주인공 현장玄奘, 602(?)~664은 역경譯經의 대가였다. 두툼한 경전 520권을 번역했다. 그는 산스크리트 원전을 한문으로 옮기면서 일정한 원칙을 세웠다. 오종불번五種不飜. 뜻을 따로 풀어내지 않고 소리 나는 대로 적는 다섯 가지 경우를 가리킨다. ▲ 다라니陀羅尼처럼 비밀스러운 말 ▲ 박가범薄伽梵처럼 여러 가지 의미를 함축한 말 ▲ 염부수閻浮樹처럼 중국에는 없는 말 ▲아뇩다라삼먁삼보리처럼 옛날부터 소리 나는 대로 적은 말 ▲ 반야般若처럼 애써 의역하면 그 뜻이 얇아지고 가벼워지는 말이다. 다라니는 분량이 비교적 긴 진언(주문)이다. 박가범은 'bhagavat'의 음사로 유덕有德·중우衆祐·세

존世尊 등의 한자어로 표기하는데, '붓다'로도 '깨달음'으로도 해석된다. 염부수는 인도와 동남아시아 등지에 분포하는 잠부나무다.

'반야'는 prajna(프라즈나)를 한자로 옮겼다. 수행을 통한 깨달음으로 얻을 수 있는 최고의 지혜다. 일반적인 판단 능력을 뜻하는 지혜와 구별하기 위해 반야라는 음역을 그대로 사용하는 편이다. 대승불교 교리의 트레이드마크인 반야는 분별지分別智, vijnana가 아닌 무無분별지다. 초기불교의 특징인 '존재에 대한 분석'을 멈출 것을 권한다. 그리고 내면으로 깊숙이 들어가면 만물이 나와 더불어 '한몸'萬物與我一體:만물여아일체이라는 이치를 뚜렷하게 느낄 수 있다고 훈시했다. 깊은 선정禪定에 이르면, 억조창생億兆蒼生 각자가 제 힘으로 부처님의 대광명大光明을 내뿜는 장관을 목격할 수 있다고 한다.

반야를 얻으려면 바라밀波羅密을 행해야 한다. 바라밀다波羅密多의 준말이며 'paramita(파라미타)'의 소리를 표현했다. 얼핏 '파라+미타'같지만 '파람+이타'다. '피안param에 도달했다ita'라는 뜻이다. '대승불교의 6바라밀은 부처가 되기 위한 여섯 가지 실천이다. 보시布施 인욕忍辱 지계持戒 선정禪定 정진精進 반야般若. 아무렇게나 열거한 게 아니라 철저히 순차적이다. 남에게 정성을 다하면(보시) 그리하여 인내심이 생기고(인욕) 그리하여 몸가짐을 삼가게 되고(지계) 그리하여 마음의 고요를 유지해(선정) 어떤 상황에서도 좌절하거나 타락하지 않는다(정진). 그리고 그러한 마음이 항일한 것이 바로 반야다. 웃기만 해도 법문法門, 걸어 다니기만 해도 전법傳法인 경지다.

바라밀은 '지극한 상태'로 번역되지만 '지극한 상태에 이르기 위한 행위'라는 의미로도 쓰인다. 이처럼 '상태'와 '행위'가 뒤섞이는 바라밀의 중의적인 해석은 이웃 종교와는 다른 불교만의 차별성을 보여준다는 점에서 매우 중요하다. 피안이 따로 있거나 멀리 있는 게 아니라, 피안을 꿈꾸며 노력하는 과정 안에 이미 피안이 내재되어 있다는 상즉相卽의 세계관을 엿볼 수 있다. 지금 이 순간 내 마음이 극락이면 어디든 극락이다.

'아뇩다라삼먁삼보리阿耨多羅三猫三菩提'는 가장 긴 가차이자 가장 기괴한 가차다. anuttara(아누타라)-samyak(삼미약)-sambodhi(삼보디). 무상정각無上正覺·무상정등각無上正等覺·무상정등정각無上正等正覺·무상정변지無上正遍知라고 번역한다. 더 이상 올라갈 경지가 없는 궁극의 깨달음을 기리는 개념이다. 붓다의 제자인 수보리는《금강경》에서 "어떻게 하면 아뇩다라삼먁삼보리를 얻을 수 있느냐"고 묻는다. 이에 독립된 자아가 있으니 나만 잘 나면 된다는 아상我相, 나와는 다른 남이 있으니 족족 이겨먹고 필사적으로 빼앗아야 한다는 인상人相, 우리는 부처가 아니라 다들 시시한 중생이니 더럽고 치사하게 처신해도 괜찮다는 중생상衆生相, 목숨에 집착하여 오래 살고 나만 살기를 바라는 수자상壽者相이란 4가지 망상을 내려놓아야 한다는 게 붓다의 대답이다. 더는 올라갈 곳이 없는 깨달음은, 역설적으로 더는 내려갈 곳이 없는 마음속에 있다.

09

지혜와 자비의 불빛 아래서는
모두가 아름답다

#부처님오신날에는 왜 연등을 다나?

'어둠은 빛을 이길 수 없다.' 2016년 겨울, 시국과 관련해 사통
팔달 회자되던 말이었다. 수많은 사람들이 수많은 촛불을 들어
서 나쁜 권력의 못된 뒤춤을 까발렸다. 평소에는 교회의 십자가
가 한국의 밤하늘을 밝힌다. 너무 밝힌다. 2011년 '인공조명에
의한 빛공해방지법'에 십자가를 규제 대상에 포함해야 하는가
를 두고 국회에서 논의가 있었다. 그만큼 밤잠을 설친다는 민원
이 자주 들어왔다. 개신교의 반발에 십자가는 구제됐고 오늘밤
에도 눈부시다. 영화 〈도쿄 택시〉에는 서울의 야경을 가득 채운

십자가들을 보고 일본인 주인공이 "왜 이렇게 무덤이 많지?"라고 읊조리는 대사가 나온다.

부처님오신날 전국 도심을 물들이는 30만 개의 연등燃燈은 매년 5월 즈음에만 펼쳐지는 야경이다. 5세기에 편찬된《현우경賢愚經》에 이런 이야기가 있다. '난타難陀'라는 이름의 거지 여인이 있었다. 붓다를 기리며 등불을 공양하고 싶었으나 가진 것이 없었다. 하루 종일 구걸을 해서 겨우 얻은 동전 한 닢으로 등잔과 기름을 샀다. 값싸고 초라한 등불이었으나 다른 사람들의 등불은 하나 둘 꺼져 가는데 오직 그녀의 등불만은 건재했다. 평소 붓다가 가장 높게 쳐주던 가치가 진정성이다. "사해四海의 바닷물을 모두 끌어와 붓거나 크나큰 태풍을 몰아온다 하여도 그 등불은 꺼지지 않을 것이다. 자신의 재산과 정성을 진실하게 다 바친 것이기 때문이다." 붓다를 감동시킨 난타는 비구니가 되었다.

'빈자일등貧者一燈'을 유래로 불교를 믿는 국민들이 상당수 있는 나라에서는 어디나 부처님오신날에 연등이 켜진다. 절에 등을 달거나 손에 등을 들어서, 자신과 이웃이 짊어진 어둠이 조금이나마 걷히길 빈다. 난타처럼 빈다.

ㅇ 연등의 '연'은 '蓮(연꽃 연)'이 아니라 '燃(불태울 연)'

난타에 얽힌 미담에서 보듯, 인도에서는 이미 붓다가 생존하던 시간에 등燈과 관련한 의식이 있었다. 불교가 중국에 전래된 시기는 공식적으로 기원전 2년으로 본다. 불교구수설佛敎口授說. 이 해에 경로景盧라는 관리가 인도 쿠샨 왕조의 사신으로 입국한 이존伊存에게서 '부도교'의 존재를 전해 들었다. 1998년 중국불교협회는 불교 유입 2,000주년 행사를 크게 열었다. 여타의 주장은 기원후 1세기 무렵에 유입됐다는 골자인데, 중국의 연등회는 2세기부터 개최됐다. '상원연등회上元燃燈會'라고 불렀다. 정월대보름이 바로 상원이다. 당唐나라 때부터 나라의 정규행사로 자리했다. 일본에서는 당나라의 의례를 모델로 서기 651년에 첫 연등회를 열었다.

우리나라에서 연등을 켠 지는 공식적으로 1,300년을 헤아린다. 이러한 역사성을 인정받아 2012년 국가중요무형문화재 제122호로 지정됐다. 지금은 소실됐으나 9층 목탑으로 유명한 황룡사는 신라를 대표하는 랜드마크였다. 김부식은 《삼국사기》에다가 "신라 경문왕 6년(866) 정월 보름과 진성여왕 4년(890) 정월 보름에 임금이 경주 황룡사로 행차해 연등을 간등看燈했다"고 적었다. 누군가가 밖에 내걸었으니까 등을 '볼[看]' 수 있는 것

이겠다. 연등회가 지금처럼 붓다의 탄생일이라 여겨지는 음력 4월 8일 즈음이 아니라 정월대보름인 1월 15일에 열렸다는 걸 확인할 수 있는 대목이기도 하다. 참고로 불교의 상징이 연꽃인 까닭에 연등의 '연'을 '蓮(연꽃 연)'이라 오해하기도 하는데 '燃(불태울 연)'을 쓴다.

국가 차원의 의례로 뿌리를 내린 때는 고려시대부터다. 독실한 불자였던 태조 왕건은 "연등회燃燈會와 팔관회八關會 등의 중요한 행사를 소홀히 다루지 말라"고 유언했다(《훈요십조》). 아예 등을 만들고 잔치를 준비하는 국가 기관(연등도감)까지 설치했다.

고려 중기의 문인 최자가 지은 《보한집》에 연등회의 풍경이 그려져 있다. "이날 저녁이 되면 관청들은 각각 비단으로 아름답게 만든 장식대를 거리 이곳저곳에 설치하고 군대들도 길을 따라 화려한 비단을 길게 연결하여 놓는다. (중략) 음악이 다투어 울려 나오고 셀 수 없이 많은 등불들이 하늘에 이어져 대낮같이 밝다. (중략) 궁전은 밤이 깊어 고요하고 별은 높이 떠 총총하니 요란한 풍악소리는 마치 공중에서 나는 듯하다." 법회法會인 동시에 연회宴會의 성격이 강했음을 알 수 있다. 실제로 이때의 연등회에서는 중국 송나라에서 수입한 일종의 오케스트라인 답사행가무踏沙行歌舞, 현대의 매스게임인 왕모대가무王母隊歌舞와 같은 공연이 무대에 올려졌다. 오늘날의 연예인에 해당하는 산대인山臺人들과 기생들도 공급됐다.

o 연등회만큼 화려했던 팔관회는 '추수감사제'

소문난 잔치일수록 돈이 많이 드는 법이다. 고려 제6대 왕 성종(재위 981~997) 치하의 유생들은 이 점을 파고들었다. 재정 부담이 지나치고 모습이 요사스럽다는 이유로 국가가 주관하는 연등회는 잠시 폐지됐다. 8대왕 현종(재위 1009~1031)이 등극하자마자 바로 부활했다. 현종은 연등회의 날짜를 음력 2월 15일로 옮겨서 해마다 정기적으로 열게 했다. 당시의 고려인들은 붓다의 탄신일을 2월 8일로 믿었다. 요즘엔 '출가일'로 기린다. 《삼국유사》에도 음력 2월 8일부터 열반일인 15일까지 서라벌(경주) 사람들이 흥륜사에서 전탑塼塔, 벽돌을 쌓아 만든 탑을 도는 탑돌이를 했다는 기록이 있다. 무신정권의 수장이었던 최충헌의 아들 최우崔瑀, ?~1249가 탄신일을 4월 8일로 옮기면서 연등회도 화창한 봄날에 열리게 됐다. 그가 집권할 때 세계 최초의 금속활자본인 불경《직지直指》도 간행됐다. 최우는 사재를 털어서 팔만대장경 제작을 도왔다.

사실 과거엔 연등회보다 팔관회八關會가 더 성대하고 더 북적였다. 어느 학자들은 불교계 최대의 법회는 팔관회였다고 말한다. 《삼국사기》에 의하면 신라 진흥왕이 서기 551년에 처음으로 팔관회를 봉행했다. 호국護國과 평천하平天下를 기원하는 취지였을 것이다. 이해에 개국開國이라고 연호를 정한 진흥왕은 팔관회를 발판으로 삼국통일을 본격적으로 꿈꾸었다.

고려의 팔관회는 개경(개성)에서는 11월 15일에, 서경(평양)에서는 10월 15일에 진행됐다. 궁중에서는 임금의 장수를 비는 헌수獻壽 의식과 지방관의 선물 봉정식과 가무백희歌舞百戲가 행해졌다. 대개 10월에 거행했는데 추수를 막 끝낸 시점과 일치한다. 농경사회에서 농업은 국가를 떠받치는 근본이다. 팔관회는 풍년을 감사하고 전몰장병을 추모하며 한 해 동안 고생한 백성들을 격려하는 국민총화의 자리였다. 연등회의 날짜는 본래 정월대보름. 그러니까 농사의 시작은 연등회가 열고 마무리는 팔관회가 지었던 셈이다. 일종의 추수감사제였을 것이다. 이제는 거의 명맥이 끊겼다. 불교세가 강한 대구와 부산 지역에서만 열리는 편이다.

개신교 국가인 미국의 지지로 정권을 창출하고 지탱한 이승만 초대 대통령이다. 성탄절은 한국전쟁이 한창이던 1950년 12월 25일부터 국민 전체가 노는 날이 됐다. 다시 서울을 빼앗긴 '1·4 후퇴'가 불과 열흘 전이다. 불자가 크리스천보다 훨씬 많았던 시절이기도 하다. 1962년 대한불교조계종이 출범한 이후 부처님오신날도 공휴일이어야 한다는 목소리가 꾸준히 제기됐다. 조계종 총무원은 1963년 4월 '부처님 탄일 공휴일 제정' 대정부건의서 서명 운동을 전개했다. 종단 차원의 대책위원회 구성과 지속적인 탄원과 2년간의 법정투쟁 끝에 기어이 권리를 쟁취했다. 마침내 공휴일로 지정된 것은 1975년 1월 14일 국무회의를 통해서다.

부처님오신날이 나라로부터 예우를 받게 되면서 연등회의 상징인 연등행진도 크게 확대됐다. 예전에는 부처님오신날 축하 법회를 마친 뒤 각자의 소원을 적은 연등을 들고 사찰 주변을 도는 정도였다. 공휴일 제정 이듬해인 1976년부터 불자들은 여의도광장에서 종로 조계사까지 9km의 차도를 당당히 활보할 수 있게 됐다. 하지만 거리가 너무 길어서 행진을 마칠 즈음이면 다들 녹초가 됐다. 마지막 대열이 도착할 쯤엔 자정이 넘기도 했다.

1996년 동대문운동장으로 출발 장소를 바꿨다. 여기가 철거
되면서 2013년 불교학교인 동국대학교 운동장으로 변경됐다.
동대문-탑골공원-종각-조계사까지 걷는다. 전체 길이는 5km
정도이며 저녁 9시 반 무렵이면 다들 조계사에 모인다. 조계사
안에는 국내 최대 종단인 조계종의 총무원(행정부), 중앙종회(입
법부), 호계원(사법부) 교육원 포교원 등이 입주해 있다. 이른바
'한국불교 1번지.' 연등회 다음날인 일요일에는 조계사 앞 우정
국로에서 전통문화마당이 펼쳐진다. 연등을 직접 만들어 볼 수
있고 구경거리와 먹을거리도 푸짐하다. 연등행진 때와 마찬가
지로 '한국인 반, 외국인 반'이다.

o '석가'는 부처님을 뜻하지 않는다

연등회는 부처님오신날 당일에 열리지 않는다. 직전 주말 토요
일에 열린다. 불교 최대의 명절을 봉축하는 분위기를 최고조로
돋우기 위해서다. 자동차를 몰고 다니는 사람들 중 일부는 "연
등회는 석가탄신일에 하는 줄 알았다"며 뜻밖의 교통체증에 욕
하고 씩씩거린다. 한편 석가탄신일은 부처님오신날에 대한 국

가의 공식 명칭이다. 대통령령領인 '관공서의 공휴일에 관한 규정'에 이렇게 쓰여 있다. 크리스마스는 기독탄신일. '기독基督'은 그리스도의 음역이다.

조계종을 비롯한 불교계에서는 석가탄신일을 부처님오신날로 변경해달라는 입장을 지속해왔다. 한자어여서 어감이 생경하고 무엇보다 '석가釋迦'는 붓다가 속한 부족을 지칭하는 단어(사캬Sakya)이지 예경禮敬의 대상인 붓다 자신을 가리키지 않는 탓이다. 문재인 제19대 대통령은 대선 후보 시절 지극히 당연한 주장이라며 이를 공약으로 수용했다. 2018년부터는 드디어 어느 언론이나 '부처님오신날'이겠다.

촛불이든 등불이든 네온사인이든, 불빛은 밝고 따뜻하다. 그래서 연등은 붓다의 영명한 지혜와 자비를 상징한다. 밝은 것이 모두 따뜻하듯, 진정으로 지혜로우면 자비로울 수밖에 없다. 탐욕에 치우친 마음은 어두워서 반드시 아무거나 집어먹다가 탈이 나고 만다. 분노에 치우친 마음도 어두워서 반드시 아무나 붙잡고 욕하다가 외로워지고 만다. 적게 먹으면 머리가 늘 맑고, 말을 줄인 힘으로 입가를 올리면 건강해지고 안전해진다.

부처님오신날에는 전국 사찰에서 봉축법요식奉祝法要式이 열린다. 인류의 스승이 가르친 지혜와 자비를 익히고 베풀면서 참된 불자로 살겠다고 다짐하는 법회다. 화려하고 떠들썩한 연등회와는 달리 매우 정적이고 엄숙하다. 부처님오신날 이후에도 조계사는 음력 5월 초하루까지 한 달 가량 계속 연등을 걸어둔다. 행인들은 낮에는 연등이 드리운 그늘 아래서 쉬고 밤에는 보통 사진을 찍는다. 크고 작은 불빛이 반짝이고 번쩍이는 아래서는, 그래도 모두가 아름답다.

10

'불교'라는 땅 위에 선
'기독교'라는 나무

#절에서는 왜 음력을 쇠나?

양력은 지구가 태양의 주위를 한 바퀴 돈 시간을 1년으로 정한 것이고, 음력은 달이 지구의 주위를 한 바퀴 돈 시간을 1개월로 정한 것이다. 고대 문명은 대체로 음력을 선호했다. 일정한 모양을 유지하는 태양보다, 날마다 모습이 조금씩 달라지는 달이 시간을 재기에 훨씬 수월한 덕분이다. 더구나 조수간만의 차이는 달의 운행과 직결되므로 수산업과 항해술에서는 음력이 매우 중요했다. 다만 사계절의 변화가 뚜렷한 데다 주로 논밭을 갈아 먹고 사는 우리나라 같은 데서는, 곡물의 질과 양을 좌우하는 태양과의 거리도 고려해야 했다.

우리나라가 양력을 본격적으로 쓰기 시작한 때는 1894년 서양식 국가 운영 체계를 전면적으로 도입한 갑오개혁 직후다. 고종은 1895년 11월 17일을 1896년 1월 1일로 정하고 '건양建陽'이라는 연호年號를 새로 제정했다. 그래서 그 이전의 시간들이 순전히 음력이었으리라고 여기는 이들이 종종 있다. 엄밀히 말하면 음력과 양력을 적절히 섞어 쓰는 태음태양력이 전통적인 시간관이었다.

달이 완전히 동그래졌다가 완전히 사라지는 1삭망월朔望月의 주기는 평균 29.53059일이다. 이를 큰달(30일)과 작은달(29일)로 적절히 배분해 12개월을 만드는 게 음력의 구조다. 이리 하면 1년은 대략 354일이다. 반면 1태양년太陽年은 365.2422일이니, 11일 정도가 차이 난다. 그래서 3년에 1개월치 또는 8년에 3개월치의 윤달을 덤으로 넣어 17년 뒤쯤엔 오뉴월에 눈이 내리는 불상사를 막았다. 조상들은 일찌감치 양력이 적절하게 가미된 시헌력을 쓰고 있었다. 요즈음의 우리가 흔히 양력이라고 부르는 역법은 그레고리력이다. 우리의 근대近代는 남에 의한 근대였고 때늦은 근대였다.

○ 부처님오신날 출가재일 성도재일 열반재일… 불교의 4대 명절

불교의 중심은 붓다다. 그의 일생에서 가장 중요했던 4가지 사건을 기반으로 불교 4대 명절이 생겼다. 태어난 날(음력 4월 8일), 출가한 날(음력 2월 8일), 깨달은 날(음력 12월 8일), 사망한 날(음력 2월 15일)이다. 각각 탄생誕生재일, 출가出家재일, 성도成道재일, 열반涅槃재일이라 한다. '재일齋日'이란 몸과 마음을 깨끗이 하고 교조教祖인 붓다의 삶을 차분히 되새기는 날이라는 뜻이다. 목욕재계沐浴齋戒란 말을 떠올리면 이해가 한결 쉽다. 부처님오신날인 탄생재일은 말할 것도 없고 나머지 재일에도 전국 사찰에서는 대대적으로 법회가 열린다. 날짜가 서로 가까운 출가재일과 열반재일은 '출가열반 정진주간週間'으로 한데 묶었다.

5대 명절에 포함되는 게 우란분절盂蘭盆節이다. 시기상으로는 백중百中, 음력 7월 15일인데 한 해의 중간이다. 백중날 절에서는 망자들을 위한 천도재가 한창이다. 부처님오신날 버금가게 신도들이 경내에 북적인다. '우란분'이란 거꾸로 매달려 있다는 뜻이다. 살아서 악행을 일삼은 자들이 죽은 뒤 지옥에 가면 이런 자세를 취하고서 벌을 받는다. 우란분절은 붓다의 제자 가운데 신통제일神通第一이었던 목건련 존자尊者가 지옥에 가서 자신의 어머니를 수렁에서 건진 날이다. 붓다의 생애를 다룬 4대 명절

과는 만들어진 맥락이 전혀 딴판인 것이다. 효행孝行을 집요하게 강조해온 한민족의 정서가 반영돼 불교의 기념일로까지 승격된 셈이다. 불교가 얼마나 다원주의적인지, 기존의 신앙과 얼마나 사이좋게 어울려 살 수 있는지를 여실히 보여주는 대목이기도 하다.

한해의 마지막인 동지에 불공이 활성화되어 있듯이, 봄의 시작인 입춘에도 기도가 활발하다. 음력 정초 기도는 정월대보름까지 15일간 이어진다. 으레 이 기간 중에 양력인 입춘(2월 4일)이 든다. 사찰에서는 옛 사람들이 대문에 붙였던 '立春大吉(입춘대길) 建陽多慶(건양다경)'이란 글귀가 적힌 입춘첩帖을 신도들에게 선물한다. 봄바람에 실려 오는 양명한 기운으로 3년간의 불행과 액운을 어서 털어내라는 삼재풀이 기도도 해준다. 양기가 가장 왕성한 단오(음력 5월 5일)에는 소금을 담은 단지를 절의 마당에 묻거나 대들보에 올려 화재로부터의 면탈을 빈다. 목화토금수木火土金水 오행五行의 원칙에 따라 '금'에 해당하는 색인 백색이 '목'의 기운을 찍어 누를 것이라는 믿음의 소산이다. 금극목金克木. 이와 어긋나게 수능을 100일 앞두고 본격화되는 입시 기도는 가히 나무토막으로 쇳덩이를 부술 태세다.

윤달은 그야말로 덤이어서 윤달에 벌이는 일들은 이익도 손

해도 없다고 여겨지는 공망空亡이다. 득 될 것도 없지만 해 될 것
도 없다는 여유로움에서, 묏자리를 옮기거나 손보고 수의壽衣나
장지葬地를 일찌감치 마련하기도 한다. 사찰은 윤달도 그냥 지나
치지 않는데 생전예수재生前豫修齋가 특징이다. 한글로만 들으면
'예수'라는 단어 탓에 순간 멈칫할 수 있는데, 자신을 위한 천도
재를 미리 지내두는 것이다. 윤달과 관련해《동국세시기》에는
다음과 같은 기록이 보인다. "결혼하기에 좋고, 수의를 만드는
데 좋다. 모든 일을 꺼리지 않는다. 광주廣州 봉은사奉恩寺에서는
매양 윤달을 만나면 서울 장안의 여인들이 다투어 와서 불공을
드리며, 돈을 자리 위에 놓는다." 광주 봉은사는 오늘날의 서울
강남 봉은사다. 양력과 음력 그리고 정법正法과 미신의 어울림
속에서, 불자들은 저와 핏줄과 이웃의 안녕을 빌고 별일 없기를
원한다.

○ 초하루법회 보름법회 관음법회 지장법회… 사찰의 월간 4대 행사

예나 지금이나 숨차도록 바쁜 게 세속의 민초들이다. 그래서 붓
다는 재가자들로 하여금 한 달에 여섯 번만이라도 절에 오라고
설득했다. 매월 음력 3일, 14일, 15일, 23일, 29일, 30일로 6재

일六齋日이라 한다. 범어로는 '우포사다uposadha.' 6재일에 지켜야

하는 계율이 팔관재계八關齋戒다. 이날들만큼은 생계의 치사함과

절박함을 내려놓고 자기를 점검하고 승단을 공양하며 정직하고

따뜻한 불자로 지내라는 취지였다. 6재일에서 한 걸음 더 나아

간 것이 10재일이다. 1일, 18일, 24일, 28일을 보탰다. 각 재일

에는 특정한 불보살을 배대配對해서 의미를 부여했다. 한국불교

에서는 18일 지장재일과 24일 관음재일 기도가 성행한다. 으레

관음재일에는 자기의 복을 빌고, 지장재일에는 먼저 간 존비속

의 명복을 빈다.

매월 음력 1일(초하루)과 15일(보름)은 10재일로 따지면 정광

불定光佛과 아미타불을 모시는 날이다. 정광불은 붓다의 아득한

전생에 붓다가 성불하리라 예언했다는 성현이다. 이즈막엔 그

보다 한 달의 '시작'과 '중심'이라는 의미가 훨씬 더 부각된 상태

다. 사찰에서 1년 중 최대 법회는 부처님오신날 봉축법요식이

요, 1개월 중 최대 법회는 음력 초하루법회다. 주지 스님들이 한

달 중 가장 바쁜 날이기도 하며 월간 재정수입의 첫손이기도 하

다. 불교계 종사자들이 사격寺格을 파악하고 싶을 때 주지 스님

에게 상투적으로 내놓는 질문이 '초하루법회에는 몇 명이나 오

시는가'다. 초하루법회를 기점으로 보름법회, 관음법회, 지장법

회 등이 이를 떠받치면서, 달도 돌아가고 절도 돌아간다.

o '그레고리력'으로의 전환을 꾀하는 불교

한국 최초의 교회는 황해도 장연군에 세워진 소래교회다. 1885년 서상균·서경조 형제와 교인들이 여덟 칸짜리 기와집 예배당을 지었다. 그해 7월 3일 연세대학교 설립자인 언더우드 목사의 집 례로 헌당식을 개최했다. 국가 차원에서 그레고리력이 도입되기 직전의 일이다. 요즘엔 교회에서도 신도 관리 목적에서 또는 집에서 제사를 못 지내게 하기 위해서 설날과 추석에도 예배를 보는 듯하다. 그래도 알다시피 기독교의 신행 패턴은 주일主日, 일요일이 근본이다. 음력에 동화되기에, 그들은 이 땅에 너무 늦게 왔다.

이에 반해 불교가 한반도에 전래된 시기는 공식적으로 서기 372년이다(고구려 소수림왕 2년). 더구나 절대 다수가 농민이었다. 지금도 농사를 업으로 삼은 이들에게는 나라의 공식적인 휴일에 그다지 구애받아야 할 필요성을 느끼지 못한다. 일요일에 열심히 일하고 다른 평일에 종일 쉬면 그만이다. 근대 이후의 종교인 기독교와 달리 전통 종교인 불교가 음력에 친숙할 수밖에 없는 이유다. 하기야 '양력인가, 음력인가'보다 중요한 건 '주말인가, 아닌가'이겠다. 현대인들의 대다수는 서비스업 종사자이고 직장인들은 주말만 쳐다보면서 일주일을 버틴다. '불금'이란 신조어가 괜히 생긴 게 아니며 사찰의 '일요 법회'가 늘어나는 까닭이다. 기독교에 신도들을 다 빼앗길지 모른다는 위기의식 탓에, 불교계에서도 그레고리력으로의 대대적인 전환을 꾀하고 있다.

o 절 마당에 걸린 주지住持 자식들의 기저귀를 보고…

"일인日人들이 저의 소위 불교라는 것을 한국에 전파해서 우리 불교에서 하지 않는 모든 일을 행할 적에 (중략) 이 불교도 당초에 우리나라에서 배워다가 형식은 우리를 모범하고 생활제도는 우리와 절대 반대로 되는 것으로 행해 오던 것으로 한인들에게 시행하게 만들어서 한국의 고상한 불도佛道를 다 말살시켜 놓으려 한 것이다." 1954년 5월 이승만 초대 대통령이 발표한 불교 정화 유시諭示의 일부다. 일제의 잔재인 대처승帶妻僧이 한국불교의 법통을 망치고 있으니 하루빨리 내쫓아야 한다는 게 골자다. 이승만의 유시는 무려 7차례에 걸쳐 내려졌다. 국가 최고 지도

자의 불교에 대한 관심은 '불교정화운동'이라는 역사적 격변을 만들었다. 대한불교조계종의 효시다.

이승만의 지지가 지지부진하던 정화의 활로를 열었다는 건 분명한 사실이다. 물론 그는 철저한 개신교인이었다. 대한민국의 '복음화'를 국시로 내세웠다. ▲ 일요일의 공휴일 추진 ▲ 크리스마스의 국경일 지정 ▲ 형목刑牧 제도 신설을 통한 교도소 교화사업의 기독교 전담 ▲ 서울중앙방송을 통한 공식적인 선교 등이 비근한 정책적 사례다. 이랬던 그가 뜬금없이 불교정화를 지시한 것을 두고 뒷말이 많다. '불교의 힘을 약화시키기 위한 분열획책' 또는 '사사오입 개헌 파동으로 야기된 정치적 위기를 타개하기 위한 물 타기'였다는 설이 대표적이다.

하지만 정화를 진두지휘한 조계종 제2대 종정 청담 스님의 회고록인《나의 입산 50년》에 따르면 숨겨진 면모가 보인다. 깊은 내면에는 불심佛心이 자리하고 있었음을 확인할 수 있다. 이승만의 모친은 서울 삼각산 문수사에서 100일 기도를 해서 그를 낳았다. 독립운동을 하던 당시 일본 경찰에 쫓겨 피신한 곳도 문수사였다. 권좌에 오른 뒤 감회에 젖어 올라간 절에, 주지 자식들의 기저귀가 걸려 있는 걸 보고 대노했다는 전언이다. 1954년 8월 유시에 대한 감사를 표하려고 경무대를 방문한 청담 스님 일행에게 이승만은 다음과 같이 전했다.

"내가 40년을 미국에서 살았고 기독교를 믿어서 교회에 간다. 그러나 역시 고국에 돌아와서 절을 찾아가니까, 어릴 때 어머니를 따라 절간에 갔었던 생각이 절로 나며 마음이 가라앉는다. 그래서 신라, 고려 때처럼 우리 불교를 다시 일으키고 다시 국민의 정신도 일깨워야겠다. 내가 대통령을 내놓는 한이 있더라도 불교를 바로 잡아야 해." 이승만만 그랬을까. 우리는 다들 기독교가 드리운 그늘 안에 살고 있는 것 같다. 하지만 사실, 그 나무는 불교라는 땅 위에 서 있다.

11

부처가 되어 중생에게
돌아가기 위한 유보이자 준비

#어떻게 하면 스님이 될 수 있나?

세간의 '저출산'은 출세간의 교단에서도 걱정거리다. 아이들을 좀체 낳지 않으니 스님이 될 아이도 그만큼 줄어든다. 한국불교 최대종단인 대한불교조계종의 연간 출가자 숫자는 2000년대 초반만 해도 400~500명 수준이었다. 이제는 200명을 채우기도 버겁다. '탈脫종교화' 추세도 감소세와 관련이 깊다. 2015년 인구주택총조사에서 '종교가 없다'고 답한 비율이 최초로 절반을 넘어섰다. 그럼에도 출가를 감행하는 사람은 꾸준히 나타난다. '위대한 포기Great Renunciation.' 왕궁의 사치와 암투에 질려 도

망친 붓다처럼, 세상살이가 끝내는 분탕질이요 노략질임을 절
감하는 순간을 누구나 한번쯤은 만난다. 솔직히 체질도 무시는
못한다는 입장이다. 천성적으로 고기를 좋아하거나 골초라면
버티기 힘들다.

o 만 15세 이상, 50세 이하의 고졸 이상 독신

스님들은 절에 있다. 그러므로 스님이 되고 싶다면 일단 절에
가야 한다. 일주문이 누구에게나 활짝 열려 있듯 출가의 길도
마찬가지다. 집에서 가까운 사찰 또는 마음에 끌리는 사찰을 찾
아 출가하고 싶다고 말하면 된다. 웬만하면 조계종 사찰을 택하
는 것이 좋다. 종단의 역사와 정통성과 규모와 사회적 위상과
승가 교육 환경 등등 모든 분야에서 최상이다.

유의해야 할 점은 반드시 '대한불교조계종 ○○사寺'에 내방
해야 한다는 것이다. 가짜 조계종의 횡포가 간혹 신문지상에 소
개된다. 돈을 왕창 뜯기거나 허드렛일이나 해주면서 허송세월
이나 할 공산이 크다. 아울러 교구敎區를 관할하는 본사本寺에
서 출가하는 것이 유리하다. 상대적으로 신속한 행정절차 덕분
에 몇 개월이라도 빨리 스님이 될 수 있다. 교육도 한결 체계적

이다. 개인적으로 아는 조계종 스님이 있다면, 알아서 인도해줄
것이다.

조계종에서 출가할 수 있는 나이는 만 15세 이상 50세 이하
다. 학력은 고졸 이상. 중학생도 출가는 할 수 있는데, 뒤에 설
명할 4년간의 승려 기본 교육을 마치기 전까지 고졸 학력을 취
득하면 된다. 이와 함께 신체가 단체 생활을 하는 데에 알맞아
야 한다. 난치병, 전염병, 간질, 정신질환을 앓고 있다면 결격이
다. 심한 혐오감을 주는 문신도 허용되지 않는다. 또한 빚을 졌
다면 갚고 들어와야 한다. 승가僧伽는 신용 불량자를 위한 도피
처가 아니다. 마지막으로 무조건 독신이어야 한다. 결혼했다면
이혼해야 하고 자식이 있다면 친권을 포기해야 한다. 돈이든 사
람이든 전부 내려놔야만, 다시 시작할 수 있는 것이다.

○ 4년간의 기본 교육을 마치면 정식 스님

출가 의사를 밝히면 절에서는 일단 '간을 본다.' 절의 살림을 도
맡는 원주院主나 공식적으로 교육을 담당하는 교무敎務 스님과의
면담 시간이 마련된다. 출가의 목적과 신상 등에 관해 물을 것
이다. 이후 하루 이틀 절에서 묵게 하면서 꼼꼼히 관찰하고 성

격과 습관을 파악한다. 출가하겠다는 의지의 무게를 확인하기 위해 더러 3,000배를 시키기도 한다. 이때까지도 줄행랑을 치거나 성질을 내지 않았다면 비로소 삭발. 세속과의 인연을 완전히 끊으라는 취지로 머리를 깎이고 어른 스님들에게 인사를 시킨다. 행자行者로서의 첫걸음이다. 남자에게는 고동색, 여자에게는 주황색의 수련복이 지급된다. 조금 지나면 평생의 스승이자 후견인인 은사恩師도 정해진다. 행자에게는 이름이 없다. 으레 성을 붙여서 '김 행자' '이 행자'라고 부른다. 군대로 치면 훈련병 신분이다.

행자 기간은 기본적으로 6개월 이상이다. '김 행자'가 정신없이 바쁠 때 '이 행자'는 눈 코 뜰 새 없이 바쁘다. 새벽 2시 30분, 가장 먼저 일어나서 절 안의 모든 허드렛일을 책임진다. 꼭두새벽부터 밥하고 빨래하고 청소하는 틈틈이, 졸린 눈으로 경전을 읽고 목탁치고 염불하는 법을 익힌다. 음주와 육식과 흡연과 가무는 고사하고, 멍 때릴 여유조차 좀처럼 허락되지 않는다. 과거 시집살이를 뜻하던 '벙어리 3년 귀머거리 3년 장님 3년'의 압축판이다. 단순히 밖에서 먹고살기 힘들어서 숨어들어온 이들을 걸러내기 위한 과정이기도 하다. 하기야 피로도로만 따진다면, 차라리 예전처럼 저자거리에서 박박 구르는 게 나을 수도

있다. 하심下心과 끈기를 길러주면서 이른바 '중물'을 들이는 날들이다.

o 은퇴출가법 제정… 60대도 출가할 수 있어

행자 생활을 원만히 마치면 예비승의 단계에 오른다. 법계로는 최하판인 5급. 남자는 사미沙彌, 여자는 사미니沙彌尼다. 승가교육을 통괄하는 조계종 교육원은 봄가을로 1년에 두 차례, 열흘 동안 사미(니)계 수계受戒 교육을 실시한다. 예비승이 되면 스님들처럼 회색 승복을 입을 수 있다. 다만 아직 정식 스님은 아니라는 표식으로 목깃과 소매에 적갈색의 띠를 둘러야 한다.

진짜 스님인 비구比丘 또는 비구니比丘尼가 되려면 승려 기본 교육을 이수해야 한다. 국가의 대학 교육과 매우 흡사하다. 동국대학교 불교대학이나 중앙승가대학교 또는 사찰에 소속된 승가대학(강원講院)에 입학해 4년 동안 불교를 공부한다. 졸업과 동시에 4급 승가고시를 치른다. 자격 시험이다. 합격하면 출가 수행자로서의 자질을 두루 갖추었다는 구족具足계를 받는다.

외국인도 출가할 수 있다. 한국어도 가르쳐준다. 조계종 총무원 총무부에 따르면 2016년 6월 현재 종단에서 구족계를 받은 외국 태생의 스님은 80명, 사미(니)계까지만 받은 예비승은 51명이다. 조계종은 출가 사이트monk.buddhism.or.kr를 개설해 스님이 되는 방법을 상세하게 설명해놓았다. 안내 전화도 있다. 1666-7987(출가부처).

한편 2017년 3월 은퇴출가법이 제정되면서 2018년부터는 만 51세 이상 65세 이하의 남녀도 출가할 수 있게 됐다. 고령자임을 감안해 정식 스님인 비구(니)가 되기 위한 기본 의무 교육과 승가고시를 면제해줬다. 행자 기간 1년을 포함해 5년간 절에서 정진하기만 하면 구족계를 준다. 이후 5년이 경과하면 종단 승려복지법에 의해 연금과 의료비도 지원받을 수 있다. 대신 총무원장, 교구본사 주지, 중앙종회의원 등 주요 소임所任에 대한 선거권과 피선거권은 제한된다. 또한 견덕(비구니는 계덕, 4급)을 초과하는 법계를 품수할 수 없으며, 중앙종무기관 교역직 종무원 및 말사주지로 임명될 수도 없다. 아울러 사회 각 분야에서 최소 15년 이상 활동한 이력이 입증돼야만 출가할 수 있다. 국민건강보험에 가입돼 있고 공적연금 또는 개인연금 수혜 예정자여야 한다. 발심發心과 원력願力 없이 오로지 생계를 위한 출가를 막기 위한 조치다.

○ '승僧'이란… 사람됨을 쌓아가는 사람

2010년 2월 조계종 교육원은 전국의 행자들을 대상으로 오리
엔테이션을 열었다. 다양한 출가 동기를 들을 수 있었다. '부처
님의 가르침을 본격적으로 공부하고 싶어서' '하던 사업이 쫄딱
망해 오갈 데가 없어서' '문득 돌아보니 50년의 세월이 훌쩍 지
났는데 가지고 갈 게 아무것도 없다는 사실에 충격 받아서' '교
회 천지인 고향 목포에 절 한 채 짓고 싶어서' '사람은 어디서 와
서 어디로 가는가, 궁금해서' '평소 달마대사를 형님으로 모셔
왔다' '세계인이 찾아오는 수행 마을을 만들고 싶다' '반평생 이
웃을 도우며 살아왔는데 정작 제도濟度해야 할 사람은 남이 아니
라 나라는 것을 깨달았다'.

절에 일찍 들어온 출가자는 '올깎이', 나이가 한참 든 출가자
는 '늦깎이'라는 별칭을 갖는다. '지허 스님'이라는 전설적 수행
자가 1960년대 초반에 쓴 《선방일기》에는 양자 간의 특징이 뚜
렷하게 묘사돼 있다. 올깎이는 어려서 부모를 잃거나 어려서 부
모가 절에 맡긴 경우가 대부분이다. 성욕이 발동하기 이전인 나
이부터 절에 갇혀 살아온 지라, 상대적으로 근면성실하고 적응
이 빠르며 환속할 가능성도 낮다. 다만 "혼탁한 사회생활은 전연
백지여서 순진하기도 하고 특히 산술에 어두운 것이 사실이다."

반면 늦깎이는 세상살이에 닳고 닳은 이들의 마지막 돌파구다. 절에서는 하루라도 빨리 출가한 사람이 손위다. "절 밖에서는 금지옥엽이지만 절 안에서는 '늦깨끼'라 불리어지면서 온갖 수모가 던져진다. 그러나 그들에게서는 불평과 불만과 반항도 찾아볼 수 없다. 그들은 이미 어떤 기연機緣에 의해 입산入山 길에 올랐고 절 안에 몸이 던져진 것만을 감사히 생각할 뿐이다."

사주명리학에는 '화개華蓋살'이란 개념이 있는데 이른바 스님이 될 팔자다. 자신의 재능과 욕망을 꾹꾹 억누른다는 뜻이다. 누구보다 겸손하고 누구보다 자비로워야만 비로소 스님이란 얘기다.

최근 종단은 자체적으로 승려복지법을 제정하고 국민연금과 건강보험제도를 자체적으로 도입했다. 계율을 성실히 지키고 수행과 포교에만 전념한다면, 입적하는 날까지 의식주는 확실하게 보장해주겠다는 계획이다. 물론 이걸 대놓고 반기는 스님들은 드물다. 불교를 믿는 스님들은 윤회도 믿는다. "이번 생生은 없는 셈 치고 남을 위해 살겠다"고 말하는 스님들이 많다. 교단까지 인력난에 시달리는 시대라지만… 출가는 양量이 아니라 질質의 문제이고 선택이 아니라 인내의 문제다.

출가는 세상으로부터의 탈출이지만 도피는 아니다. 어느 큰

스님은 "부처가 되어 중생에게 돌아가기 위한 유보이자 준비"라고 말했다. 스님을 뜻하는 승僧이란 글자를 파자破字하면 '사람 인人'과 '더할 증曾'으로 나뉜다. 곧 사람됨을 쌓아가는 사람이다. 붓다의 제자들은 누더기를 입고, 탁발로만 먹으며, 나무 밑에서 자고, 소의 오줌을 발효한 약藥만 써야 했다(행사의行四依). 인간 이하의 조건을 견뎌야만, 초인超人으로 존경받을 수 있는 법이다.

12

이제는 '나잇값'을 해야만
대접받는 시스템

#스님들에게도 계급이 있다고?

군대에 계급이 있다면 조계종에는 법계法階가 있다. 출가 연한이 어느 정도 쌓이고 그 계급에 배정된 교육을 받은 뒤, 시험을 통과하면 한 단계씩 올라갈 수 있다. 일반직 공무원에게 1급부터 10급까지 10개의 계급이 있다면, 종단 스님들에게는 1급부터 5급까지 5개의 계급이 있다. 아울러 장관과 차관이라는 정무직 공무원에 해당하는 계급도 존재한다. 대종사와 종사다.

마음 맞는 사람끼리 수다나 떠는 자리는 아무런 생산성이 없다. 술 냄새만 풍긴다. 승가는 '수행'과 '전법'이라는 뚜렷한 명분으로 뭉친 조직이다. 위계질서가 확실하다. 보수적이고 경직되어서 '천재'도 '도인'도 나오기 어렵다는 지청구도 있으나, 그래야만 장기적인 안정성과 효율성이 유지된다. 더구나 군인들이야 술이라도 마음껏 마실 수 있으나, 스님들은 맥주 한잔에도 엄청난 눈총을 감수해야 한다. 일견 군대보다 더 빡세다.

승가에서 세속의 나이는 중요하지 않다. 누가 먼저 출가했느냐가 철저하게 우선이다. 승가에서의 나이는 승랍僧臘 또는 법랍法臘이라 한다. 최하급인 5급은 예비승인 사미沙彌와 사미니沙彌尼다. 처음 산문山門에 들어와 6개월 이상을 행자로 살면서 기초 교육을 이수하고 5급 승가고시에 합격하면, 이제 겨우 말단이다. 4급은 '예비'의 딱지를 뗀 정식 스님이다. 4년간 기본 교육을 받고 4급 승가고시에 합격하면, 드디어 남성 스님인 비구比丘와 여성 스님인 비구니比丘尼가 된다. 4급 비구는 견덕見德, 4급 비구니는 계덕戒德이라 한다. 4급부터 마침내 승가의 어엿한 일원이 되는 것이다. 모든 청년들의 로망인 정규직과 같은 셈이다.

○ 대종사, 종사, 1~5급… 다채로운 연수 교육

권리라는 측면에서 봤을 때는 3급이 제일 중요하다. 종단 소속

단위사찰인 말사末寺의 주지로 임명될 수 있고 상좌上佐, 직계제자를 둘 수 있는 자격이 부여되기 때문이다. '어른'으로 인정하는 것이다. 3급으로 승진하려면 출가한 지 만 10년이 되기 전에 승가대학원에서 2년간의 전문교육을 이수해야 한다. 승가대학원은 율학律學, 선학禪學, 화엄학華嚴學, 초기불교 등이 대종을 이룬다. 동시에 선원에서 안거를 4번(2년) 나야 한다. 안거安居란 여름과 겨울 각 3개월간의 집중 수행을 뜻한다. 조계종이 참선을 강조하는 선종禪宗이기에 정착한 제도다. 아니면 박사과정 2년으로 안거를 대체하는 방법도 있다. 이러한 조건을 갖추면 3급 승가고시를 치른다. 객관식과 주관식과 논술이 안배된 지필고사 형식이다. 요즘엔 '포교 잘 하는 스님을 키우자'며 포교의 기본인 설법 능력도 테스트한다(3분 스피치). 이를 통과하면 비구는 중덕中德, 비구니는 정덕正德이 된다.

2급 승가고시는 법랍 20년 이상이 대상. 논술로 평가한다. 별도의 교육 기관에 몸담아야 할 필요는 없다. 각자의 자리에서 열심히 도를 닦고(수행) 신도들에게 도를 나눠주면서(전법), 1년에 한 번씩 조계종 교육원이 주관하는 연수 교육에 참여해 수업을 들으면 된다. 연간 5,000여 명의 스님이 수강한다. 연수 교육은 대개 2박 3일의 집체 교육이 주류인데, 사찰 문화 답사나 해외 성지 순례도 있다. 1급 승가고시는 법랍 25년을 채워야 응시가 가능하다. 그간의 공적을 바탕으로 면접을 통해 심사한다. 2급의 경우 비구는 대덕大德, 비구니는 혜덕慧德, 1급의 경우 비구는 종덕宗德, 비구니는 현덕賢德이라 일컫는다.

법랍 30년 이상의 종사宗師는 등급표 너머에 있다. 유리 천장을 뚫고 '큰스님'의 반열에 오르는 것이다. 비구니는 명덕明德이라 부른다. 법랍 40년 이상의 대종사大宗師는 그야말로 큰스님 중의 큰스님이다. 종단의 명실상부한 지도자들이다. 비구니는 명사明師라 존칭한다. 대종사와 명사의 영예는 종단의 입법 기관인 중앙종회와 원로회의가 공인하면 거머쥘 수 있다. 종사와 명덕도 마찬가지.

o **가사의 조각 수로도 법계 식별이 가능하다**

법계는 스님들이 걸치는 가사袈裟의 조각 수로도 구분할 수 있다. 대종사(명사)는 25조條, 종사(명덕)는 21조, 종덕(현덕)은 19조, 대덕(혜덕)은 15조, 중덕(정덕)은 9조, 견덕(계덕)은 7조의 가사를 두른다. '25조'란 가사가 스물다섯 조각으로 나뉘어 있다는 의미다. 사미와 사미니는 조각 없이 밋밋한 만의縵衣를 착용한다. 붓다가 생존할 때부터 출가 수행자들은 남이 버린 옷이나 시체를 쌌던 헝겊을 가사로 삼았다. 결국 가사의 조각이 많은 것은 오랜 세월 동안 정진했다는 연륜을 상징한다. 가사가 헤질 때마다 계속해서 천을 새로 기워야 할 만큼. 가사의 주름살이 늘어갈수록 큰스님이다.

법계에 따라 대우도 달라진다. 종단에서 맡을 수 있는 소임에도 차등이 있다. 종단의 법통과 신성을 상징하는 종정宗正은 대종사만이 등극할 수 있는 자리다. 행정수반인 총무원장 선거에는 종사 스님들만 출마할 수 있다. 전국 25개 교구의 본사 주지는 1급 종덕 스님에게만 허락된다. 총무원, 교육원, 포교원 등 중앙종무기관의 부장部長 소임은 2급 이상의 스님만 임용될 수 있다. 국장局長은 3급.

한편 등용登用의 범위에서 비구니 스님들이 홀대받고 있음을 알 수 있다. 종정이나 총무원장이 될 수 없고 모든 원로의원은 비구다. 반면 붓다는 여성의 출가를 과감하게 허락했다. 당대만 해도 여성은 남성의 몸종에 지나지 않았음을 감안하면, 가히 혁명이었다. 다만 비구에게 지켜야 할 계율을 250개를 줄 때 비구니에게는 348개나 줬다. 지금까지도 사미니가 된 지 2년이 지나면 임신 여부를 점검하는 식차마나니式叉摩那尼 계를 따로 받아야 한다. '출가한 지 100년이 된 비구니라도 비구를 만나면 먼저 인사해야 한다. 바로 그날 계를 받은 자라 할지라도'라는 조목으로 대변되는 팔경계八敬戒는 유명하다. 물론 요즘에도 이걸 믿고 설치는 비구 스님이 있다면, 곧장 비구니 스님들에게 된서리를 맞기 십상이다. 세상은, 변했다. 아무튼 승가의 남녀차별은 함부로 말하기 어려운 문제이고 어쩌면 시간이 해결해줄 문제다.

o 자신의 수행과 전법이 얼마나 무르익었는지 입증해 보여야 한다

알다시피 고려는 불교를 국교로 삼았다. 왕권의 보호와 지원 속에서 교단은 왕권 버금가는 위세와 자본을 누렸다. '스님'은 벼슬이었고 출가 수행자를 관리로 선발하는 승과僧科가 실시됐다. 승과에 붙어야만 사찰 주지를 할 수 있었다. 대덕大德, 대사大師, 중대사重大師, 삼중대사三重大師, 수좌首座, 승통僧統에 임금의 스승인 왕사王師 또는 국사國師까지, 현재의 법계는 고려 불교의 그것에서 따왔다. 오늘날의 각급 승가고시는 과거의 승과에 값한다. 종단의 위상이 한국불교의 황금기라 불리는 고려시대의 수준까지 복원됐음을 시사하는 대목이기도 하다. 다만 정교분리 사회

이기에 왕사만 없을 뿐이다. 참고로 이 시절 승과에 막 급제한 스님에게 주는 칭호가 대덕이었다. 큰스님들을 위한 지시대명사인 '고승대덕高僧大德'의 유래로 보인다.

현재의 일터에 입사해 조계종과 가까워졌을 때, "여기는 스님들이 만든 '나라'구나"라고 생각했다. 국가 조직과 매우 유사하다. 거의 판에 박았다. 헌법에 해당하는 종헌宗憲 아래 수많은 종법宗法들이 일사분란하게 작용한다. 2017년 6월 현재 종법은 49개, 대통령령에 해당하는 종령宗領은 93개다. 총무원(행정부) 중앙종회(입법부) 호계원(사법부)를 중심으로 한 삼권분립 체제가 인상적이었다. 지방 행정도 단위 사찰인 말사末寺와 이들을 통솔하는 본사本寺가 체계적으로 배열됐다. 종단이 성장할수록 종법도 보다 많아지고 벼려졌다. 요즘엔 종도宗徒 개인들도 자신의 수행과 전법이 얼마나 무르익었는지 입증해 보여야 한다. 법계법의 효력이 완연히 자리를 잡은 때는 2010년 이후다. 예전에는 법랍이 많으면 무조건 갑甲이었던 경향이 셌다. 이제는 나잇값을 해야만 대접받는 시스템이다.

13

진솔한 말 한 마디가
천 냥 빚을 갚는다

#절이 싫으면 스님이 나가야 한다는데… 스님을 내쫓기도 하나?

춘원 이광수는 친일 반민족 행위로 오점을 남겼다. 일제강점기 막바지 조선총독부 기관지에 연재한 장편소설 《원효대사》로도 훗날 욕깨나 먹었다. 요석공주와의 사랑을 부각시키는 바람에, 중세 동아시아 최고의 사상가가 한낱 삼류 로맨티스트로 전락했다는 이유였다. 원효가 당대 중국 최고의 학승이었던 현장 玄奘의 오류를 지적한 《상위결정비량相違決定比量》을 읽고, 중국 스님들이 동쪽을 향해 삼배를 했다는 이야기가 전한다.

사실 춘원의 글쓰기는 《삼국유사》에 적시된 기록을 한결 멋

들어지게 극화했을 뿐이다. 알다시피 스님이 요석공주와의 잠자리로 아들 설총을 낳았다는 건 익히 알려진 바다. "누가 자루 없는 도끼를 내게 빌려 주겠는가? 내가 하늘을 떠받칠 기둥을 깎으리." 자루 없는 도끼는 과부였던 요석공주를 빗댔다. 하늘을 떠받칠 기둥이란 설총이겠거니와… 뭐 다르게 해석해도 나무라긴 그렇다. 얼핏 풍류 넘치는 법문 같지만, 그저 섹스의 질펀함에 대한 은유로도 들린다.

○ 바라이를 범하면 무조건 승단을 떠나야 했다

공주와 합방을 하고난 뒤 스님은 스스로를 소성小姓 거사 또는 복성卜姓 거사라고 칭했다. 또한 절에서 나와 저자를 떠돌았다. 거사居士는 남성 재가불자를 가리킨다. 곧 파계破戒를 했으니 자신은 더 이상 스님이 아니라는 것이다. '성姓'이란 백성을 뜻하며 '소성'이란 나는 미천한 인간이라는 자조自嘲의 호칭이다. '복성'은 한걸음 더 나아간 자기 경멸이다. '아래 하下'에도 못 미치는 쓰레기라는 의미다. 연애를 낭만이 아니라 오판이자 재앙으로 여기고 크게 후회했음을 보여주는 대목이다. 단 한 번의 성교는 평생의 약점이 되었다. 제도권 승단으로부터 내내 부당한 폄

훼와 멸시를 당해야 했고, 죽을 때까지 쓸쓸해야 했으며, 동굴에서 혼자 죽었다(穴寺:혈사, 지금의 경주 골굴사).

1962년 대한불교조계종 출범 이후 비구승이 한국불교의 주도권을 쥐게 됐다. 정통성을 획득하게 된 알짬은 결국 이들이 독신을 유지한 덕분이다. 붓다도 독신이었고 역대 조사들도 독신이었다. 출가 수행자에게 대처帶妻는 원칙적으로 최악의 범죄다. 스님이 여자와 말을 섞을 순 있다. 그러나 살을 섞으면 안 된다. 음행淫行 다시 말하면 음란 행위는 적발되면 그 즉시 승가에서 떠나야 하는 바라이婆羅夷:pārājika에 속한다. 바라이 죄를 범하면 승려로서의 생명이 끝나기에 그 당사자를 단두斷頭라며 낙인을 찍었다. 청정한 스님들과는 도저히 같이 살 수 없다고 해서 불공주不共住라고도 깔봤다. 바라이는 다음의 4가지다. ▲ 비구가 성性에 탐닉하는 일 ▲ 주지 않은 것을 갖는 일 ▲ 의도적인 살인 ▲ 정신적 성취나 비범한 능력이 없음에도 있다고 하는 거짓말. 정상참작이고 뭐고 없다.

o 최초의 계율은 '성교하지 말라.'

계율은 '계'와 '율'로 나뉜다. 계戒는 개인이 지켜야 할 도덕 그리고 율律은 공동체를 운영하기 위한 법률이다. 해인사 율학승가대학원장 서봉 스님에 따르면 '음행하지 말라'는 게 최초의 계율이었다. 붓다의 제자 가운데 '수제나須堤那'라는 승려가 있었다. 어느 날 수제나의 노모가 '재산을 이어받을 자식 하나만이라도 낳아놓고 부처님에게로 돌아가라'고 간청했다. 결국 그는 전처와 잠자리를 했고 그녀가 임신을 하자 사람들이 그와 승가를 싸잡아 비난했다. 붓다는 그전까지만 해도 출가자들의 금욕을 강조하긴 했으나 구체적으로 성행위를 하지 말라고까지는 안 했다. 당연히 알아서 잘들 준수하리라 믿었으니까. 수제나가 사고를 친 덕분에 '不邪淫(불사음)'이 계율로 명시됐으며 바라이 중에 첫손이 됐다. '여자의 자궁과 항문과 구강에 음경을 넣지 말라.'

율장律藏은 법률책인 동시에 역사책이다. 계목戒目뿐만 아니라 그 계목을 제정하게 된 사건과 배경이 소상하게 설명됐다. 붓다는 일반 재가자들이 율장을 보는 것을 엄격히 금지했다. 성스럽고 신비로워야 하는 스님들의 지질한 생활상이 적나라하게 드러나 있는 탓이다. 성욕을 참기 힘들어하던 몇몇 비구들은 어떻게든 빠져나갈 구멍을 만들기 위해 애썼다. 율장에는 성교와 관련해 '무격無隔이든 유격有隔이든 허용되지 않는다'는 조항도 있는데, 격隔은 콘돔을 가리킨다. 붓다가 살던 기원전 6세기에는 나뭇잎과 양가죽이 콘돔의 재료였다. 여인과 통정할 길이 막히자 원숭이를 파트너로 삼는 수간獸姦이 발생했다. 어느 날 먹이를 얻기 위해 아무 스님에게나 다가가 똥구멍을 들이미는 원숭이를 보고, 붓다는 '일체의 생명과 성행위를 하지 말라'는 계율을 추가했다. 남자가 밥숟가락 들 힘만 있어도 한다는 게 '그 짓'이다.

o 설법 이전에 자기절제, 참선 이전에 자기관리

어쩌면 선불교의 매력에 끌려서 일하게 된 불교계다. 입사 초기만 해도 불교 전반에 관해서는 잘 몰랐다. '멸빈滅擯'은 그즈음 가장 생경하게 들렸던 단어다. 승려의 신분증인 도첩을 빼앗는다는 뜻에서 '치탈도첩褫奪度牒' 또는 '빈척擯斥'이라고도 한다. 스님에게 내려지는 최고형이며 승단에서의 영구제명이다. 멸빈자는 더 이상 스님이 아니며 다시는 스님으로 돌아갈 수도 없다. 출가자로서의 인격을 죽이는 일이니 사형일 수도 있겠다. 붓다는 바라이를 행하면 가차 없이 멸빈에 처했다. 현대 한국의 불교계에서는 종권宗權을 둘러싼 다툼 속에서 멸빈자들이 속출하기도 했다. 쿠데타를 기도한 자들에게 사형을 내리는 것과 비슷한 맥락이다.

조계종 《승려법》은 멸빈·제적·법계강급·공권정지·면직·변상·문서견책의 7단계로 징계의 수위를 규정하고 있다. 멸빈이 사형이라면 제적은 무기징역이다. 역시 제명이지만 근신하면서 10년을 지내면 사면될 여지가 있다는 점에서 그나마 희망적이다. 법계강급法階降級은 법계를 낮추는 것이고 공권정지는 주지 등 일체의 공직에 취임하지 못하게 하는 일이다. 과거엔 '승잔僧殘'을 행하면 제적됐다. 승잔은 모두 13가지인데 일단 상습적으로 승단의 안녕과 화합을 깨면 승잔죄가 성립한다. 바라이와 마찬가지로 성범죄가 주를 이룬다.

고의로 사정하거나(자위 행위), 여자를 만지거나, 여자와 함께 음담패설을 나누거나, 여자를 유혹해 같이 자자고 하거나 등등. 이밖에 어둡고 으슥한 곳이거나 그렇지 않은 곳이거나 계를 지켜야 한다는 2부정不定, 재물의 사사로운 편취와 관련된 30사타捨墮, 언행과 마음가짐의 정결함을 강조하는 90단타單墮, 걸식乞食의 규칙인 4회과悔過, 식사법과 설법태도 등이 관련된 100중학衆學, 분쟁을 해결하는 방법인 7멸쟁滅諍을 어기지 않거나 지켜야 한다. 총 250계戒.

비구니는 '마촉摩觸, 정욕을 품은 남자로 하여금 자신의 몸을 만지게 해서 쾌락을 얻는 것', '팔사성중八事成重 정욕을 품은 남자 곁에 앉아 이야기를 나누거나 손이나 옷을 만지게 하거나 함께 길을 걷는 것', '부장타중죄覆障他重罪, 다른 비구니가 바라이를 저지른 것을 알면서도 승가에 보고하지 않고 숨기는 것', '수순피거비구隨順被擧比丘, 죄 지은 비구를 정당하게 처벌한 것임에도, 그 비구를 두둔해 세 번 이상 따지는 것' 등의 네 가지를 더하여 '8바라이'를 지켜야 한다. 이런저런 금칙이 덧붙여져 비구니에게는 비구 250계보다 훨씬 많은 348계가 어깨에 지워진다. 한편 2부정은 비구에게만 해당되는 계율이다. 남자들은 정말 왜 그럴까 싶다. 아무튼 계율의 다수는 성적인 일탈과 결부되어 있음을 알 수 있다. 스님에게 요구되는 최우선의 덕목은, 뛰어난 식견도 현란한 설법도 아닌 완벽한 자기절제와 자기관리인 셈이다.

○ 웬만한 잘못은 참회만으로도 면책

'갈마羯磨'는 세간의 재판과 같다. 승잔의 경우 복잡한 절차를 거쳐 참회懺悔를 하고 그 참회에 대해 20인 이상의 스님이 죄를 사해주는 출죄出罪 갈마를 해주면, 박탈당했던 모든 권한을 회복할 수 있다. 승잔 아래의 범행犯行은 참회만 하면 대부분 면책된다. 심지어 바라이조차 구제가 가능하다. 간음을 하기 전에 솔직하게 고백을 하면 훗날 재기할 수 있다. 또한 환계還戒를 하면 된다. 자신이 받은 비구계를 승단에 되돌려준다는 뜻으로 더 이상 비구이기를 포기하겠다는 선언이다. 이런 과정을 거치고 계율을 위반한 자는 바라이를 저지르지 않은 것으로 간주하므로, 나중에 다시 비구계를 받을 수 있다. 통도사 율학승가대학원장 덕문 스님은 "죄를 감추고 지내는 일을 부장覆藏, 또는 복장이라 한다"며 "부장하지 않고 발로發露참회를 하는 일은 대단히 중요하다"고 말했다. 천 냥 빚을 한꺼번에 갚아준다는 게 진솔한 말 한마디다.

칠멸쟁법七滅諍法은 사람 간의 분쟁을 해소하는 일곱 가지 방법이다. ▲ 직접 당사자들을 앉혀놓고 심문하거나 ▲ 제3자의 증언을 듣거나 ▲ 자백을 시키거나 ▲ 다수결을 택하거나 ▲ 정신 이상이라고 판정해 죄를 취소하거나 ▲ 위증을 하면 그에 걸맞은 벌을 줌으로써 송사訟事를 종료한다. 마지막 일곱 번째가 멸쟁의 백미다. 쌍방이 자기주장을 철회하게 하는 것으로 '여초부지如草覆地'라 한다. 마치 누운 풀이 땅을 덮듯이 일체의 과오와 논란을 잠재운다는 의미다. 처음에는 단순했던 사건이 두 사람만의 문제에 그치지 않고 파벌 싸움과 권력 게임이 되면서 급기야 승단분열의 위기까지 번지는 걸 목격하고 붓다가 내린 결단이다. 터

놓고 말하거나 고개 한번만 숙이면 손쉽게 해결될 갈등들이 이
세상엔 참으로 많다. 다들, 얼마나 산다고….

14

미움 받을 용기?
미워하지 않을 용기

#부처님의 제자는 몇 명이었을까?

불교에서 6은 3만큼이나 중요한 숫자다. 불자로서 행해야 할 여섯 가지 덕목인 육바라밀六婆羅密, 존재자가 끊임없이 윤회하는 여섯 가지 세계인 육도六道 등에서 확인할 수 있다. 또한 붓다는 깨달으려고 히말라야 설산雪山에서 6년을 고행했다. 육식六識은 눈 귀 코 혀 몸 뇌 등 여섯 가지 인체기관이 만들어내는 번뇌를 가리킨다. 인간은 보이는 대로만 보고, 보고 싶은 대로만 보다가 번번이 낭패를 당한다.

아무리 깨달은 붓다라손 치더라도 혼자 조용히 살다가 갔더라면 불교는 불교가 될 수 없었을 것이다. 전법傳法의 시작도 6과 관련이 깊다. 1+5. 붓다는 다섯 명의 출가 수행자에게 자신이 통찰한 중도中道를 설명하면서 불교는 세계사에 첫발을 디뎠다. 총명했던 콘단냐Kondanna:僑陳如:교진여가 바로 깨달아 그 자리에서 아라한이 되었고 곧이어 밧디야Bhaddiya, 밥파Vappa, 마하나마Mahanama, 앗사지Assaji도 법안法眼을 떴다. 육비구의 탄생이다.

o 5 + 51 + 1003 + 202 + 501 = 1762

결론부터 말하자면 생전에 붓다가 거둔 제자는 총 1,762명이다. 일단 앞서 밝힌 5명으로 교단이 만들어졌다. 이후 당신의 법력에 대한 입소문이 나면서 불교는 무럭무럭 자라났다. 한두 명씩 차곡차곡 모은 것은 아니고 뭉텅이로 받으면서 비약적으로 성장했다. 야사Yasa라는 대부호의 아들이 설법을 듣고 출가했는데 그의 친구 50명도 함께 머리를 깎았다. 모두 51명. 이후 외도外道를 믿었던 가섭迦葉 3형제(우루빈나·가야·나제가섭)가 자신들의 문하 1,000명을 데리고 붓다에게 귀의했다. 자못 거대기업 간 합병과 비슷하다.

나중에 사리풋타(산스크리트로는 '사리푸트라')와 목갈라나가 데려온 200명이 불교로 전향했다. 불자가 마땅히 섬겨야 할 일곱 가지 스승을 열거한 '칠정례七頂禮'에 나오는 '천이백千二百 제대아라한諸大阿羅漢'은 여기까지 집계한 것이다. 그리고 붓다의 이모였던 마하파자파티가 최초의 비구니이며 500명의 여자로 구성된 비구니 교단이 따로 차려져 붓다의 지도를 받았다.

5＋51＋1,003＋202＋501. '1,762'라는 숫자는 이렇게 만들어진다. 사실 정확히 몇 명이 모였는지 누가 손가락으로 짚어가며 계산한 건 아니다. 대략 1,700여 명.

가섭 3형제의 맏형이었던 우루빈나優樓頻那: uruvela: 우루벨라 가섭은 본디 불을 섬기는 배화교拜火敎의 대표 주자였다. 붓다가 생존할 당시 중국은 제자백가諸子百家의 시대였다. 인도에서도 무려 62개의 신흥 종교가 등장해 인생과 세계를 나름대로 규정했다. 이른바 육사외도六師外道가 주된 사조를 형성했다. '아지타 케사캄발라'는 극단적인 유물론자였다. "사람은 흙地 물水 불火 바람風 등 4대大의 집합에 불과하며 죽으면 아무것도 남지 않는다"면서 "죽기 전에 실컷 먹고 놀라"고 권했다. '푸라나카사파'의 윤리적 회의론 역시 매우 냉소적이다. "선악은 사회적 관습에 따라 정해진 임의의 개념일 뿐"이라며 선을 비웃고 악을 방관했다.

'파쿠다캇자야나'는 '지수화풍'에 고苦와 락樂, 생명을 덧붙였다. 그리고 이러한 물질의 7요소는 영원히 사라지지 않으니, 죽어도 죽은 것이 아니라는 불멸론을 표방했다. '막칼리고살라'는 "이미 예정된 길흉화복은 바꿀 수 없다"면서 "끝없이 생을 반복하다보면 언젠간 해탈에 들 것"이라던 숙명론자였다. '산자야벨라티풋다'는 "진리는 알 수 없으니, 그때그때 소신대로 말하면 그게 바로 진리"라는 불가지론을 폈다.

'니간타나풋다'는 오늘날 자이나교教의 유래다. 역대 최강의 금욕주의. 살생의 업業을 유난히 질색한다. 미생물조차 해치지 않을 요량으로, 벌거벗고 다니며 입에 마스크를 하고 다닌다. 한편 사리풋타와 목갈라나, 두 수제자가 자신의 수하들을 대거 데리고 붓다에게 떠나자, 산자야벨라티풋타는 수치심에 자살했다.

ㅇ 10대 제자들이 지닌 10가지 재주

붓다의 10대 제자들은 하나같이 별명을 갖는다. 사리풋타 Sariputa:舍利佛:사리불는 지혜제일智慧第一, 목갈라나Moggallana:目犍連:목건련는 신통神通제일, 마하카샤파Mahākāśyapa:摩訶迦葉:마하가섭는 두타頭陀제일, 아니룻다Aniruddha:阿那律:아나율는 천안天眼제일, 수부티 Subhuti:須菩提:수보리는 해공解空제일, 푸르나Purna:富樓那:부루나는 설법 說法제일, 카티아야나Katyayana:迦旃延:가전연는 논의論議제일, 우팔리 Upāli:優婆離:우파리는 지율持律제일, 라훌라Rāhula:羅睺羅:나후라는 밀행密 行제일, 아난다Ananda:阿難陀:아난타는 다문多聞제일이다. 아난다 또 는 아난타는 줄임말인 '아난'으로 더 많이 불린다.

  별명에는 각자의 재주 또는 사연이 담겨 있다. 가장 총명했고 박식했던 사리불은 붓다를 대신해 설법을 하기도 했다. 목건 련은 키가 크고 힘이 세서 붓다가 출타할 때면 보디가드 역할을 수행했다. 귀신도 볼 수 있었다. 가섭은 의식주에 연연하지 않고 오로지 수행에만 전념하는 두타행頭陀行이 발군이었다. 부루 나는 법문을 잘했고 가전연은 설득의 귀재였다. 수보리는 공空 사상에 대한 이해가 탁월했고 그래서 《금강경》의 조연으로 활약 한다. 우파리는 계율을 누구보다 잘 지켰다. 붓다를 지근거리에 서 모시던 아난은 스승의 말씀을 가장 가까이에서 가장 많이 들 었다. 아나율은 맹인이었으나 깨달아 마음의 눈을 얻었다. 붓다 가 출가 전에 낳은 친아들이었던 나후라는 행여 아버지에게 누 가 될까 남몰래 열심히 정진했다.

  가섭의 이름 앞에는 마하Mahā:摩訶라는 치사가 붙는다. 대인大

人이란 뜻이며 중국에서는 그를 대구씨大龜氏라 불렀다. 두타행은 사사로운 집착을 완전히 떨쳐낸 삶이기도 하다. 음식은 늘 빌어먹고 인생무상임을 잊지 않기 위해 무덤 옆에서 살았으며, 앉기는 해도 눕지는 않았다. 또한 붓다가 열반에 들자 비탄에 빠져 동요하는 제자들을 추스르고 교단의 분열을 막았다. '여시아문如是我聞', '이와 같이 나는 들었다'로 대변되는 붓다의 생전 가르침에 대한 문도門徒들의 증언을 수집해 책(《아함경阿含經》)으로 묶은 제1차 경전 결집도 그가 지휘했다.

가섭은 붓다보다 나이도 많았다. 결국 밥숟가락 숫자에 구애받지 않는 하심下心과 공심公心 덕분에 붓다의 후계자가 될 수 있었던 셈이다. 특히 붓다의 오랜 비서실장이자, 웬만한 여인들은 다 반하던 미남이자, 붓다가 개인적으로 애지중지했던 아난을 제쳤다.

못 생기고 늙었다고 포기하지는 말자. 물론 가섭이 교단을 장악하게 된 연원을 살펴보면 '판세'도 무시는 못하겠다. 남성 제자들만 따지면 1,261명 가운데 1,003명이 가섭 쪽 사람들이다. 개헌 정족수를 훌쩍 뛰어넘는 압도적인 세력이다.

○ 수기授記… 천하의 개새끼라도 부처가 될 수 있다네

'절이 싫으면 중이 떠나야지'라는 속담은 개인에 대한 집단의 절대적인 우위를 시사한다. 애꾸눈이 다수인 사회에서는 눈이 2개 달린 자가 장애인인 법이다. 조직에서 성공하는 관건은 얼마나 뛰어난 머리를 가졌느냐가 아니라 얼마나 많은 머릿수를 확보했느냐다. 한때 붓다는 자신의 교단이 반 토막 날 위기에 처했다. 절반에 가까운 머릿수를 빼앗길 뻔했는데 그놈의 데바닷타 때문이다. 데바닷타는 붓다의 후견인이었던 빔비사라왕王의 아들 아자타삿투와 결탁했다. 아들이 아버지를 죽이고 왕위를 빼앗았을 때, 데바닷타는 젊고 순진한 제자 500명을 회유해 새로운 교단을 만들었다. 이들을 다시 데려오느라 붓다의 나이 든 제자들이 고생깨나 했다.

붓다가 무엇보다 엄하게 죄를 묻는 행위는 파화합승破和合僧이다. 데바닷타의 악행에 대한 죗값은 참혹했다. 《법화경》에 따르면 데바닷타는 무간지옥에 떨어졌다. 다만 붓다는 그에게도 기꺼이 수기授記를 해주었다. 훗날 언제 어디선가 어떤 몸과 어떤 이름으로 반드시 성불成佛하리라는 예언이다. 자신을 죽이려 한 원수를 도리어 격려해준 것과 같다. 2,600년 불교사에서 제일 충격적이고 감동적인 장면이다.

불교에선 화합이 최우선의 가치다. 정의보다도 앞선다. '정의 구현'엔 기어이 폭력이 수반되고 필시 증오심과 희생양을 만들 어내게 마련이다. 반면 불교는 어떤 생명이든 끝까지 참고 지켜 준다. 내가 손해를 좀 보고 핍박을 받더라도 그렇게 한다. 싫은 놈이 있고 때론 그 싫은 놈이 죽이고 싶은 놈으로 자라나기도 한다. 하지만 다들 각자의 소중한 삶을 열심히 살아내느라 그러 는 것이라 생각하면, 앞생각은 아기가 된다. 《미움 받을 용기》라 는 책이 크게 유행했다. 가장 위대한 용기는 용서일 것이다. 미 워하지 않을 용기.

15

사람의 몸통에 머리가 달린 한,
누구에게나 사는 재주는 있다

#주지가 높은가? 원주가 높은가?

주지住持는 사장님이다. 사장社長이 아니라 사장寺長. 사찰의 법적 대표자다. 절 안의 재정권과 인사권을 관장한다. 곳간 열쇠를 갖고 있으며 신도들도 그를 중심으로 돌아간다. 주지 스님은 지역 불교계의 얼굴이기도 하다. 주민들은 그의 언행을 통해 불교의 온정과 수준을 읽는다. 그래서 주지가 바로 서야 불교가 바로 선다. 일찍이 《주지학개론》을 펴낸 조계종 포교원 포교연구실장 원철 스님은 주지 스님이 하지 말아야 할 일 세 가지를 꼽는다. ▲일이 번거로워도 두려워하지 말아야 하고 ▲일이 없다고 굳이 일을 만들지 말아야 하며 ▲ 시비분별을 하지 말아야 한다.

사장寺長이 아닌 사장社長에게도 유효한 교훈으로 들린다. 사람을 잘 쓰되 사람 귀한 줄 아는 게 우선이란 소리다. 다짜고짜 타박하기보다는 웬만하면 어깨를 토닥여줄 때, 그들의 어깨에서 돋아난 날개가 주인을 극락으로 데려다줄 것이다.

ㅇ 주지는 '구주호지'의 준말… 이 땅에 오래 머무르며 불법을 지킨다

불교의 시작이 붓다였듯 최초의 주지도 붓다였다. 인도의 전형적인 우기雨期에 출가자들은 비를 피해야 할 필요성이 있었다. 그래서 3개월간 바깥출입을 하지 않는 안거安居 제도가 도입됐다. 절은 안거를 위한 시설이었다. 제일 먼저 만들어진 절은 죽림정사竹林精舍. 칼란다Kalanda 장자가 붓다에게 기증한 죽림 동산에 빔비사라Bimbisara 왕이 지어서 바쳤다. 붓다는 주지가 되어 안거에 참여한 출가자들을 먹이고 재우고 가르치고 관리했다. 한편 '주지住持'라는 단어는 중국 당나라 백장회해百丈懷海, 749~814 선사가 처음 사용한 것으로 전해진다. 이 땅에 오래 머무르며 불법佛法을 수호한다는 '구주호지久住護持'의 준말이다.

'하루 일하지 않으면 하루 먹지 않는다一日不作 一日不食'는 명언을 남긴 백장이다. 그는 철저하게 주체적이고 이성적인 불교

를 지향했다. 발복發福하고 싶으면 작복作福부터 하라고 타일렀
다. 청규淸規를 만들어 출가자들의 노동과 자급자족을 독려했다.
법당에 불상을 따로 두지 않는 것도 백장이 만든 선가禪家의 전
통이다. 도에 밝은 주지와 그의 법문이 부처님을 대체한 것이
다. 이즈막의 선종禪宗 사찰에서는 주지를 장로長老라고도 불렀
다. 요즘에야 개신교의 전유물인 양 돼버렸지만 장로는 본래 불
교의 용어였다. 지혜와 덕망이 높은 노스님을 가리킨다. 당시만
해도 주지는 사장이기에 앞서 도인이었다.

○ 원주는 총무와 같다… 빛은 안 나고 일복만 터진다

원주院主는 사찰의 살림 전반을 맡아보는 소임이다. 감원監院이라
고도 한다. 큰절에 딸린 암자庵子의 관리자도 주지가 아닌 감원
이라 부른다. '머무를 주住'가 아닌 '주인 주主'를 쓰기에 얼핏 주
지보다 높은 직급으로 보인다. 그러나 짧게라도 불교계에서 종
사했던 사람이라면 절대 착각하지 않는다. 원주는 세간의 총무
와 비슷하다. 일은 많은데 빛은 안 나는 자리다. 주지를 보좌해
상하를 화목케 하고 동료들을 편안케 해야 한다. 주지 스님이
생색을 내고 싶을 때, 원주 스님은 고생을 해야 할 팔자다. 절에

먹을거리가 떨어지면, 품팔이를 해서라도 얻어 와야 하는 게 또한 원주의 몫이다. 결국 남들의 수행을 돕느라 자기 수행은 뒷전이 되기 십상이다. 선사들의 어록語錄에 등장하는 원주 스님들은 대부분 무식하고 미련하다. 큰스님이 던지는 선문답의 속뜻을 이해하지 못해 번번이 골림과 망신을 당한다.

과거의 주지는 불교에 대한 식견 역시 절 안에서 최고였다. 절의 재산에 앞서 붓다의 수승한 교법을 지킨다는 의미가 강했다. 요즘의 주지는 사찰을 운영하고 관리하는 행정승行政僧으로서의 성격이 두드러진다. 지역의 불교를 지키기 위해 원주를 한참 능가할 정도로 눈물겹게 일한다. 현대 불교의 추세는 큰스님들이 직계제자인 상좌에게 주지를 물려주고 회주로 물러나 앉는 것이다. 회주會主란 법회를 주관하며 법문을 설하는 스님이라는 뜻인데 사실상 주지의 역할도 겸한다. 법회의 주인이라기보다는 조직의 주인에 가깝다. 그래서 회주가 계시는 절의 주지 스님들은 대체로 젊은 편이다.

o 총림의 서열… 방장, 수좌, 주지, 유나

총림叢林은 참선 수행을 하는 선원禪院, 경전을 가르치는 강원講

院, 계율을 가르치는 율원律院 등이 모두 갖춰진 종합 수행 도량이다. 총림이란 그야말로 울창한 숲처럼 수도승들이 빽빽하게 들어찼다는 뜻인데, 가장 웃어른이 방장方丈이다. 방장이란 명칭은 교도소의 은어인 '방장房長'과는 전혀 무관하다. 재가자의 신분으로 부처의 반열에 오른 유마維摩 거사의 거처에서 유래한다. 크기가 사방일장四方一丈이었다는데 그야말로 사방이 어른의 키 정도에 불과할 만큼 작았다는 뜻이다. 검박했던 성품을 상징한다. 대신 유마는 3,000명을 수용할 수 있는 설법 공간을 두었다. 넉넉한 자비를 표상하는 동시에 포교의 핵심은 법문이고 감화라는 함의를 내포한다.

선종을 개창한 보리달마는 소림사少林寺에 체류하며《심경송心經頌》《파상론破相論》《이종입二種入》《안심법문安心法門》《오성론悟性論》《혈맥론血脈論》등 여섯 편의 저작을 남겼다. 이를 통틀어서 소실육문少室六門이라 한다. 소림사 조실의 여섯 가지 법문이란 뜻이다. '조실祖室'이란 선원에서 정진하는 수행자들을 지도하는 선승을 의미한다. 사격이 총림에 못 미치고 선 수행을 주로 하는 사찰에서는 조실 스님이 제일 높다.

2017년 7월 현재 조계종에는 해인총림 해인사, 영축총림 통도사, 조계총림 송광사, 고불총림 백양사, 금정총림 범어사, 팔공총림 동화사, 덕숭총림 수덕사, 쌍계총림 쌍계사 등 8개의 총림이 있다. 이곳의 방장 스님들은 여름과 겨울 안거 결제와 해제마다 법어를 내려 올곧은 정진을 당부한다. 수좌首座 스님이 총림의 2인자다. 글자 그대로 해석하면 좌선하는 이들 가운데 우두머리. 선에 대한 안목이 높아 수행자들을 지도한다. 수좌의 위상은 선종을 뿌리로 하는 조계종이 그만큼 선을 중시한다는 것을 시사한다.

○ '수자'의 변이로 보이는 '수좌'

총림의 서열은 조계종《총림법》상으로 방장 수좌 주지 그리고 사찰의 규율을 감독하는 유나維那 순이다. 명칭은 나라의 법도를 일컫는 강유綱維의 '유維'와 수사授事로 번역되는 갈마타나揭摩陀那, 산스크리트 karma-dana의 음사의 '나那'에서 따왔다. 엄밀하게는 주지와 동급이다. 주지는 청운靑雲, 사판의 책임자, 유나는 백운白雲, 이판의 책임자쯤 되겠다. 이와 함께 율원의 대표자는 율주律主이고 강원의 대표자는 강주講主다. 강원에서는 강사講師가 세속의 교수와 같고 중강仲講은 강주와 강사를 보필하며 학인學人들을 교육하는 부교수다. 입승入繩은 선방의 '군기반장'이다. 나무를 자를 곳을 표시하기 위해 튕기는 먹줄에서 유래한 이름이다. 곧 선방에서는 입승의 말이 그대로 법이다. 한편 일반적인 참선 수행자들을 통째로 또는 들입다 '수좌'라고 부르기도 하는데 바로 잡아야 할 것 같다. '수자修者'의 변이로 추정된다. 상좌上佐 역시 중의적으로 사용된다. 특정한 스님의 문도門徒들을 전부 통칭하는데, 본디는 '수首제자'라는 의미다.

안거철이 되면 커다란 대중방大衆房 벽에 큼지막한 용상방龍象榜이 붙는다. 3개월 동안 해야 할 각자의 임무를 적어놓은 명부다. 철저한 분업이 이채롭다. 대중이 참선하면서 앉는 좌복을 비롯해 침구와 식재료를 관리하는 별좌別座, 창고의 금전과 곡물을 관리하는 고두庫頭, 방앗간을 관리하는 마두磨頭, 손님을 응대하는 지객知客, 목욕물을 준비하는 욕두浴頭, 물을 공급하는 수두水頭, 숯과 땔나무를 해오는 탄두炭頭, 화로의 불을 담당하는 노두爐頭, 과일과 채소를 맡아 가꾸는 원두園頭, 변소를 청소하는 정두淨頭, 민가나 거리에서 시주를 얻어오는 화주化主, 아픈 사람을 돌보는 간병看病, 대중이 마실 차를 마련하는 다각茶角, 전각마다 불공을 올리는 지전知殿, 법회가 시작됨을 알리는 종을 치는 종두鐘頭, 법회를 집전하는 병법秉法, 입승 휘하의 선도부장 격인 찰중察衆, 쌀의 출납을 맡는 미두米頭, 밥을 짓는 공사供司 또는 공양주供養主, 반찬을 만드는 채두菜頭 또는 채공菜供, 국을 끓이는 갱두羹頭 등등. 이외에도 수십 가지다. 유난히 '두頭'가 많이 붙는데, '머리' '으뜸'이라는 뜻과 함께 '재능'이라는 의미도 갖는다. 사람의 몸통에 머리가 달린 한, 누구에게나 사는 재주는 있다. 단지 몰라주니까 모를 뿐이지.

16

불교를 믿고 이해하고 실천하면서
'내가 부처'임을 스스로 입증하는 삶

#조계종 신도가 되려면

불교계 언론들이 내보내는 법회나 행사 기사에는 항시 빠지지 않은 어구가 있다. '사부대중 ○○○○명이 참석한 가운데…'

나라에 국민이 있다면 불교에는 사부대중四部大衆이 있다. 조계종은 사부대중으로 구성된다(종헌 제8조). 불자들을 통튼 말이다. ▲ 출가한 남성인 비구比丘:bhiksu ▲ 출가한 여성인 비구니比丘尼:bhiksuni ▲ 출가하지 않은 남성인 우바새優婆塞:upasaka ▲ 출가하지 않은 여성인 우바이優婆夷:upasika를 가리킨다. 뜻으로 번역하면 우바새는 청신사淸信士 또는 근사남近事男, 우바이는 청신녀 또는 근사녀다. 청신사(녀)는 몸과 마음이 깨끗한 신도, 근사남(녀)은 거의 비구(니)인 사람이란 의미다. 덕성과 행실이 출가 수행자에 필적하는 수준이란 거다. '근사하다'는 형용사의 유래다.

○ 재벌들의 전폭적인 후원으로 번성한 초기 교단

불교 최초의 신도는 청년 야사의 아버지였다. 이름은 '구리가俱梨迦' 의역으로는 '선각善覺'이라 전한다. 대를 이어야 할 아들이 친구 50명과 함께 가족을 버리고 출가를 결행하자 그는 매우 슬퍼했다. 그러나 붓다의 설법에 감복해 자신도 당신의 제자가 되기를 청했다. '부처님과, 부처님의 가르침과, 부처님과 부처님의 가르침을 따르는 스님들' 곧 불법승佛法僧 삼보三寶에 대한 귀의를 처음으로 약속했다. 이에 붓다는 구리가에게 출가하지 않은 신분이었음에도 계戒를 주었다. 그의 아내와 며느리는 처음으로 우바이가 되었다. 사부대중의 탄생이다.

한편으로 그토록 붓다가 존경스러웠다면 아예 스님이 되는 게 어땠을까 하는 생각도 든다. 하지만 자신의 소유를 전부 포기하기에, 그는 너무 부자였다. 붓다가 생존하던 당시 인도의 사회체제는 커다란 변혁을 맞이했다. 무역으로 큰돈을 번 신흥

상공업자들이 대거 생겨났다. 구리가는 장자長者였는데 요즘의 개념으로는 재벌에 상응한다. 죽림정사에 이어 불교의 두 번째 사찰인 기원정사를 창건한 이는 수닷타 장자다. 람달 장자는 붓다를 비롯한 수천 명의 스님들을 융숭하게 공양하는 '무차대회無遮大會'를 창안했다. 이렇듯 장자들은 앞다퉈서 붓다에게 절을 지어 바치고 교단에 식량과 재화를 공급했으며, 이는 교단의 성장과 팽창에 크게 기여했다. 재산을 유지하되 기꺼이 보시함으로써 불자로서의 책임을 다 한 셈이다.

예나 지금이나 자기에게 이득이 되지 않으면 10원 한 장 내놓는 일에도 인색한 게 성공한 장사꾼들이다. 결국 장자들의 잇따른 쾌척은 붓다가 그들에게 그만큼 크나큰 감동을 줬다고 유추할 수 있다. 당대의 상인들은 끊임없이 거래를 하고 장부를 적고 주판을 튕기면서, 저도 모르게 이성과 합리성에 눈을 떴다. 구리가는 개뿔도 없으면서 최상의 출신 성분이라는 이유만으로 으스대고 박해하는 브라만들에게 몹시 거부감을 가진 인물이었다. 붓다는 "벌이 온갖 꽃을 채집하듯이 밤낮으로 재물을 얻으라(《별역잡아함경》)"고 재촉했고 "재물을 현재에 가지면 한량없는 복을 얻을 것(《증일아함경》)"이라고 부추겼다. 돈의 가치를 솔직하게 인정하며 남들이 '돈벌레'라 욕하는 자신들을 있는 그대로 존중해주는 붓다를, 좋아하지 않을 수 없었을 것이다.

신도의 다른 이름은 단월檀越이다. '단'은 '단나檀那:danapati:다나 파티'의 줄임말로 시주施主를 뜻한다. 물질적인 것이든 정신적인 것이든 타인에게 흔쾌하게 베푸는 일이다. "안으로 믿는 마음이 있고 밖으로 복을 지을 대상이 있고 베풀 재물이 있어서 인색하고 탐욕스러운 마음을 깨뜨릴 수 있다면 이것이 단나다(《법계차제조문》)." '월越'은 진심 어리고 꾸준한 보시의 공덕이 쌓이면 생사의 고해를 '뛰어넘어' 열반에 이를 수 있다는 뜻이다. 보시 잘 하는 사람치고 행복해 보이지 않는 사람 못 봤다. '남북통일'도 좋고 '적폐청산'도 좋지만, '나'를 내려놓고 내어줄 줄 아는 게 열반의 첫걸음이겠다.

○ 신도증 있으면 전국 명산대찰에 무료 입장

조계종 신도가 되고 싶다면 지금 당장 집에서 가까운 종단 소속 사찰을 찾아가면 된다. 종무소에서 신도 등록 신청서를 쓰고 1만 원을 내면 끝. 이후 입문 교육(오리엔테이션)을 2시간 받으면 법명을 준다.

신도 유치와 관리를 총괄하는 조계종 포교원은 1996년 최초로 신도증證을 발급했다. 신도증을 소지하면 종단 소속의 명산대찰에 무료로 입장할 수 있다. 병원과 복지관 등 종단과의 유관 기관에서는 할인 혜택도 받을 수 있다. 매년 1만원의 교무금만 내면 신도 자격이 유지된다. 동기 부여를 위해 스님들의 법계처럼 4단계의 품계稟階 제도도 두었다. 신도로 등록하고 오계五戒를 지키겠다고 약속하면 발심發心, 12시간 이상의 기본 교육을 이수하면 행도行道, 96시간 이상의 전문교육(불교대학)을 이수하면 부동不動, 종단이 별도로 정한 지도자 교육을 이수하면 선혜善慧다. 사찰의 법회에 정기적으로 참석하는 등 꾸준한 신행信行 경력도 필요하다.

3월은 입학 시즌이다. 사찰도 마찬가지다. 세간의 대학들이 그러하듯이 전국의 불교대학들도 새봄을 맞아 문을 연다. 불교대학은 신도 교육의 꽃이다. 불교에 갓 입문한 이들에게 불교를 본격적으로 가르치며 불교적인 삶을 돕는다. 공통된 필수과목은 《불교학개론》과 《부처님의 생애》. 전국의 불교대학들은 이를 기반으로 다양한 선택 과목을 마련해 신도들의 불교에 대한 견문을 넓히면서 차별화에 나선다. 2017년 1월 현재 종단 인가 불교대학은 137곳. 서울부터 제주도까지 다 있다. '온라인'에도 개설됐다. 바빠서 절에 갈 짬을 내기 어려우면 '조계종 디지털 대학www.edubuddha.net'에 입학하면 된다. '오프라인'에서도 직장인들을 배려한다. 야간반과 주말반을 운영하는 사찰이 적지 않다.

불교대학을 졸업하면 조계종 포교사에 응시할 기회가 부여된다. 매년 700여 명의 포교사들이 새로 배출되며 자격을 유지하고 있는 포교사는 4,000여 명이다. 군대, 경찰서, 병원, 교도소, 장례식장 곳곳에서 자원 봉사를 하며 불자로서의 책임을 다 하고 있다. 전체 포교사의 절반이 넘는 숫자가 50대 불자다. 60대 불자가 두 번째로 많다. 5명 중 4명이 50~60대다. 불교 인구의 고령화를 시사하는 부정적 수치이기도 하지만, 포교사로서 제2의 인생을 시작하는 장년층이 그만큼 많다는 긍정적 수치이기도 하다. 은퇴한 공무원들이 상당한 비율을 차지한다. 자기의 돈과 시간과 수고를 써가면서 남을 위해 산다. 살면서 이만치 착한 사람들도 보기 드물다.

○ 교회에서처럼 십일조는 걷지 않는다

신도는 법회法會에 참여함으로써 진정한 신도가 된다. 사찰의 법회는 일반적으로 다음과 같은 절차를 밟는다. ▲불법승佛法僧 삼보三寶에 귀의하겠다는 삼귀의三歸依 제창 ▲ 교리의 진수인 공空의 의미를 설명한《반야심경》봉독奉讀 ▲ 부처님을 기리는 찬불가讚佛歌 제창 ▲ 스님에게 법문을 청하는 청법가請法歌 제창 ▲ 법문을 듣기에 앞서 마음을 가다듬는 입정入定 ▲ 스님의 입을 빌어 부처님의 가르침을 듣는 법문 ▲ 부처님의 명호를 부르며 정성껏 마련한 보시금을 불전함에 넣는 정근精勤 및 헌공獻供 ▲ 불법을 열심히 공부하고 행동을 옮기겠다고 다짐하는 발원문 봉독 ▲ 네 가지 큰 실천을 맹세하는 사홍서원 제창 ▲ 공지사항 전달 순이다.

대략 1시간 이상 소요되며 법회의 절반은 회주나 주지 스님의 법문으로 채워진다. 설법說法과 동의어인 법문法門은 부처님이 제시한 깨달음의 세계를 펼쳐 보인다는 뜻이다. 법회가 끝나면 공양간에서 같이 점심을 먹고 그간의 안부를 서로 주고받은 뒤에 헤어진다. 자기 수행을 위해 더러는 법당에 남아 혼자 기도하고 참선한다. 신도회의 간부들은 사찰의 대소사를 앞두고 보태야 할 자금과 일손을 논의한다. 교회에서처럼 의무적으로 십일조를 걷지는 않는다. 가진 만큼 내놓고 힘 있는 만큼 돕는다. 교회에 비해 돈은 덜 모여도 신앙심은 상상을 초월할 정도로 광대하고 압도적이다. 사홍서원四弘誓願은 '모든 중생을 구원하고 모든 번뇌를 끊고 모든 법문을 배우고 자신의 불교를 완수하겠다'는 선언이다.

'신해행증信解行證'은 불자들에게 인생의 나침반이자 버팀목이다. 붓다의 가르침을 믿고 이해하고 실천하면서 스스로가 부처임을 입증한다는 뜻이다. 조계종 포교원은 '붓다로 살자'라는 기치 아래 신행혁신운동을 전개하고 있다. 포교원장 지홍 스님은 "내 몸과 입과 마음으로 부처님을 현실 속에 드러내는 일"이라고 했다. 솔직히 붓다로 사는 방법을 모를 사람은 없을 것이다. 다들 귀찮거나 또는 손해를 볼까봐 또는 자존심이 상해서 모른 척할 뿐이지. 따뜻한 말 한 마디, 잘못했다는 말 한 마디, 환한 얼굴, 싫어도 웃어주는 얼굴 속에도 불교는 있다.

17

해처럼 밝게 해처럼 따뜻하게,
새해를 준비하시오

#동짓날 절에 가면 왜 팥죽을 줄까?

    태양계는 태양의 가족이다. 모든 행성은 태양이 뿜어내는 온기와 활력을 먹고들 산다. 이렇게 만물을 생장시키는 근원은 태양이다. 그래서 태양과 가까워질수록 세상은 뜨겁고 힘차다. 반면 태양과 멀어질수록 세상은 얼어서 쪼그라든다. 연중 낮이 가장 짧은 날인 동지冬至, 양력 12월 21일 즈음. 지구 한 모퉁이의 한반도가 태양에서 가장 멀어지는 날이다. 통상적으로는 '1월 1일'이 새해의 출발이다. 반면 하루해의 길이로 따지면 동지冬至가 1년의 끝자락이자 첫걸음이다.

o 성탄절의 기원은 '동지'

성경에는 예수가 정확히 언제 태어났는지에 관한 기록이 없다. 기독교의 성탄절은 동지에서 유래했을 가능성이 크다. 기원전 3세기부터 페르시아에서 성행한 미트라교Mithraism는 태양을 숭배했다. 태양의 기운이 재생되는 12월 25일을 태양의 탄생일로 어겼다. 미트라교는 기독교와의 경쟁에서 져서 소멸했다. 초기 기독교가 이들의 태양 탄생일을 예수의 탄생일로 따왔다는 설이다.

아울러 로마인들은 농업의 신神인 사투르누스Saturnus를 받드는 축제인 사투르날리아Saturnalia를 매년 12월 21일부터 31일까지 열었다. 그리고 정확히 중간인 25일을 태양의 부활일로 삼았다. 이날엔 로마시市 전체가 축제 기분에 젖어 떠들썩했다고 한다. 일체의 공공 업무를 쉬었고 시민 전체가 환락으로 밤낮을 보냈다. 현대에도 크리스마스의 풍경은 이러하다. 사투르누스는 행성의 이름Saturn:토성과 요일의 이름Saturday:토요일에 그 흔적을 남기고 있다. 사투르날리아의 한자명은 토성절土星節. 그래서 '토요일 토요일은 즐겁고 토요일은 밤이 좋다(?)'는 것이다.

《역경易經》에서는 11월을 십이지十二支의 처음인 자월子月이라 하고 동짓달을 1년의 시작으로 삼았다. 중국의 역법을 그대로 썼던 고려시대까지 우리에게 동지는 곧 설날이었다. 한편으로 낮이 제일 짧다는 건 동시에 이날부터 낮이 점점 길어진다는 의미다. '冬至', 겨울의 끄트머리란 곧 봄의 첫머리다. 결국 동지란 태양이 새롭게 태어나는 날이라고 말할 수 있다. '동지가 지나면 푸성귀도 새 마음 든다'는 속담은 갱생의 북받침을 이야기하고 있다. 그리하여 사람도 다시 태어나려 한다.

○ '빨갱이(?)'들이 우리를 보호하리라

동지는 24절기 가운데 22번째 절기다. 우리 민족은 예부터 이날을 '작은설' 또는 '아세亞歲'라 하여 기렸다. 특히 동지하면 빼놓을 수 없는 풍물이 팥죽이다. 《동국세시기東國歲時記》에 따르면 팥죽은 몸 안의 음하고 삿된 기운을 씻어주는 음식이다. 옛날 백성들은 붉은색의 팥이 잡귀를 쫓아낸다고 믿었다. 친지들을 불러 모아 팥죽을 쑤어서 같이 먹었다. 대문 앞에도 뿌려 액운에게서 집안을 보호했다. 새로 봉안한 불상이나 탱화 또는 귀신이 들린 사람에게 팥을 수십 알씩 투척하는 것도 동일한 맥락이다(구병시식救病施食). 폐백에서 시어머니가 된 늙은 여자가 며느리로 들어온 젊은 여자에게 있는 힘을 다해 던지는 팥도, 살기 등등하게 시뻘겋다.

영양학적으로도 팥죽은 겨울철에 제격이다. 팥에는 동절기에 필수적인 요소가 듬뿍 담겨 있다. 비타민 B1의 경우 현미보다 함유량이 높다. 비타민 A, B2, 칼슘, 인, 철분, 식물성섬유도 풍부하다. 인슐린 분비를 촉진해 당뇨를 예방한다. 혈액순환과 신장의 기능을 개선해 이뇨 작용을 돕는다. 탈모에도 효과가 있다. 숙취 해소에도 도움이 된다. 또한 팥에 있는 사포닌 성분은 콜레스테롤과 중성지방의 생성을 억제해 동맥경화를 저지한다. 물리적인 팥만큼이나 심리적인 팥도 영험하다. 팥죽의 섭취에는 갓 태어난 햇살을 받아들여 심신을 맑히겠다는 민초들의 바람이 엿보인다. 팥은 콩보다 작아서 소두小豆, 빨개서 적두赤豆라고도 한다. 팥알이나 태양이나 혈액이나 똑같이 붉다. 닭의 피에도 양기陽氣가 철철 흐르기에 귀신을 잡는 데 쓴다. 이즈막 장례식장에서 조문객들의 식사로 육개장을 내어주는 것도, 육개장이 빨개서다.

○ 팥죽도 주고 달력도 주고 양말도 준다

전통문화의 충실한 계승자인 불교는 동짓날에도 큰 역할을 한다. 이날이면 전국 사찰마다 동지 불공佛供으로 북새통이다. 가가호호 조상신께 올리던 팥죽을 부처님께 올리고 자기들끼리 나눠 먹으며 겨레로서의 동질감을 되새긴다. 12월 21일이나 22일에 전국의 조계종 교구본사敎區本寺와 대형 사찰에서는 수천 명이 먹을 팥죽을 만드느라 밤새 바쁘다. 탑골공원이나 인사동에 가도 스님들이 배식하는 팥죽을 맛볼 수 있다. 법당에서 기도를 하고 팥죽을 먹은 뒤 사찰에서 선물한 신년달력과 생필품을 손에 들고 귀가하는 신도들의 모습은, 오늘날 세밑의 친숙한 풍경으로 자리했다.

해마다 동지를 챙기고 즐기는 불교의 관습은 나한羅漢 신앙에서 유래했다는 전언이다. 다음은 부산 마하사摩訶寺를 배경으로 한 설화: 이른 아침 부처님 앞에 팥죽을 올려야 하는 동짓날, 마하사 공양주 보살이 늦잠을 자고 말았다. 다급한 나머지 눈 쌓인 100리길을 헐레벌떡 뛰어 불씨를 얻어왔다. 우여곡절 끝에 돌아온 부엌에서 그녀는 놀라운 광경을 목격했다. 누가 그랬는지 아궁이엔 불이 활활 타올랐고, 법당의 나한님은 이미 배가 부르다는 표정으로 방긋 웃고 있었다. 어느 절이나 뼈를 깎는 정진으로 기어이 깨달음을 이뤘다는 아라한阿羅漢 줄여서 나한을 모시게 마련이다. 하나같이 입술이 빨갛다. 팥죽을 먹은 자

국이 남아서 그렇단다. 또한 미천한 여자의 애절하고 간곡한 마음만으로도 불이 피었다. 진정한 보시는 정성精誠임을 암시하는 전설이기도 하다.

절집이 없으면 떡집도 암담해진다

예로부터 불교는 동지와 친숙하다. 무엇보다 단순히 귀신을 쫓고 액땜을 하는 미신의 범주를 넘어선다. 더 나은 인간이 되겠다는 발심發心과 더 나은 인간으로서의 자비를 독려하는 날이다. 《고려사》에는 "동지를 전후해 팔관회八關會가 열렸다"고 적혔다. 동지불공의 효시로 짐작된다. 하루 밤낮 동안 여덟 가지 계율을 지키며 몸과 마음을 목욕하는 시간이다. 팔계八戒는 살생 절도 간음 망언 음주를 금하는 오계五戒를 포함해 ▲몸에 장식을 하지 않고 ▲높고 편한 침대에 눕지 않고 ▲오후에는 음식을 먹지 않겠다는 다짐이다. 팔관회는 성대한 잔치 이전에 극기克己의 결속이었다.

1849년에 발간된 《동국세시기》는 조선의 연중행사에 관해 소개한 책이다. 동지에 달력을 주고받는 문화가 이때에도 있었다. 현대의 기상청과 같았던 궁중의 관상감觀象監에서 제작한 달력을 임금이 관원들에게 일일이 배포하며, 변함없는 견마지로 犬馬之勞를 주문했다. 단오에는 부채를 하사하는 일과 더불어 '하선동력夏扇冬曆'이라 한다. 동지의 또 다른 이름으로 '이장履長'이 있다. 신발의 그림자가 가장 길어진다는 뜻이다. 그래서 옛날의 자식들은 부모에게 버선을 선물했다. '동지헌말冬至獻襪.' 이제 두터워질 일만 남은 양陽의 기운을 듬뿍 받아 한겨울 따습게 보내시라는 효도다. 지금도 동짓날 절에서 사람들에게 달력과 함께 나눠주는 것이 양말이다. 바다 건너에서 온 버선. 상하지간의 자상하고 갸륵한 마음씨들을 불교가 물려받은 것이다.

현대사회에서 공짜로 팥죽을 먹을 수 있는 곳은 사실상 사찰밖에 없다. 절집이 없으면 떡집도 암담해진다. 우리 고유의 세시풍속에 대한 대중적 관심이 희미해지는 가운데 불교가 추억의 보루를 지키고 섰다. 민속학자인 구미래 동방대학원대학교 연구교수는 "사찰은 오늘날 음력 문화를 접할 수 있는 유일한 장소일 것"이라며 "연말 베풂과 온정을 일깨우는 불자들의 노력은 국가 차원에서 존중받아 마땅하다"고 강조했다. 동짓날 절 안의 사람들은, 어쩌면 인간문화재다.

18

꺼진 불도 다시 보듯,
대·한·불·교·조·계·종

#조계종이 30개나 된다고?

대한불교조계종의 종조宗祖는 도의道義다. 대략 8세기 중반에서
9세기 초반을 살다가 갔다. '조계曹溪'라는 명칭은 종단이 선종禪
宗임을 보여주는 증거다. 선종의 6조祖이자 조사선祖師禪의 사상
적 기반을 완성한 혜능이 거주하던 중국 광동성省 곡광현縣의 조
계산에서 따왔다. 도의는 조계혜능曹溪慧能-남악회양南嶽懷讓-마
조도일馬祖道一-서당지장西堂地藏의 대를 이은 선사다. 서기 784
년에 당나라로 유학해 마조의 제자들이 공부하던 홍주洪州 개원
사開元寺에서 크게 깨달았다. 동문同門이었던 백장회해는 "강서江

西의 선맥禪脈이 모두 동국승東國僧에게로 가는구나"라고 탄식했다. 《전등록傳燈錄》과 어깨를 견주는 선종의 사서史書인 《조당집祖堂集》권7에는 그의 생애가 짤막하게나마 기록돼 있다.

막상 조국에서는 천대받았다. 821년 귀국했으나 교학 중심의 제도권 불교는 그를 받아주지 않았다. '마음이 그냥 부처'라는 주장을 마설魔說이라고 손가락질했다. 설악산 진전사陳田寺에서 은둔하다가 제자 염거廉居에게 법을 전하고 입적했다. 그래서 설악도의雪嶽道義. 손孫상좌인 체징體澄, 804~880에 이르러서야 비로소 그의 문중이 열렸다. 체징이 만든 가지산문을 비롯한 구산선문은 오늘날 조계종의 모태다. 고려 태조 왕건 재위 시인 943년 충주에 건립된 정토사법경대사비淨土寺法鏡大師碑에는 "曹溪爲祖 法水長流(조계를 할아버지로 삼아 진리의 물결이 길이 흐른다)"라고 적혔다.

조계종 종헌은 제1조에 "본종은 신라 도의국사가 창수한 가지산문에서 기원하여 고려 보조국사의 중천中闡, 분명하게 밝힘을 거쳐 태고보우국사의 제종포섭諸宗包攝으로서 조계종이라 공칭하여"라며 정체성을 규정했다. 보조국사普照國師 지눌知訥, 1158~1210은 정혜결사定慧結社 운동으로 선禪을 부흥시켰고, 원증圓證국사 태고보우太古普愚, 1301~1382는 공민왕의 왕사를 지내며 종파를 통합했다. 그는 신돈의 라이벌이었다.

불교를 탄압한 조선이 득세하면서 조계종은 독자적인 이름을 빼앗기고 '선종禪宗'으로 통칭되는 오욕을 당했다. 일제강점기인 1924년에야 태고사(현재의 조계사)를 총본산으로 한 조선불교 조계종이 설립되면서 명칭을 되찾았다. 반면 한국불교가 완연한 '유명무실'을 앞둔 시기이기도 하다. 조선 총독부는 1926년 일본불교의 풍습에 따라 승려의 취처娶妻를 허용했고 권장했다. 사실 일본의 불교도 본래는 독신이 주류였다. 메이지유신 이후 천황은 불교의 힘을 약화시키기 위해 스님들에게 여자를 안겼다. 가족을 먹여 살리기 위해 애쓰는 남자는 누구나 조금씩은 비열하고 초라하다.

○ '승려는 독신이어야'··· 1962년 4월 12일 대한불교조계종 출범

조계종 총무원은 2012년 4월 10일 조계사 대웅전에서 사부대 중 1,000여 명이 참석한 가운데 '통합종단 출범 50주년 기념 법회'를 봉행했다. 비구승과 대처승이 합쳐진 오늘날의 '대한불교조계종'이 발을 디딘 1962년 4월 12일을 기리기 위해 마련됐다. 비구승은 독신인 스님, 대처승은 처자식이 있는 스님을 가

리킨다. 이날 초대 종정에 효봉 스님(비구측), 총무원장에 석진 스님(대처측)이 취임했고 종단 운영방식으로는 종정중심제가 채택된 상태였다. 곧 종단은 비구승 중심으로 재편됐고 청정승가淸淨僧伽의 법통을 회복했다. '독신 출가자에 한해 승려 자격을 인정한다'는 종헌宗憲 수정안이 불교재건비상종회에서 통과된 직후다.

1954년 5월 "대처승은 절에서 나가라"는 이승만 초대 대통령의 유시 이후 지난한 송사訟事와 물리적 충돌 끝에 얻어낸 결실이다. 8년간의 불교정화운동 기간 중 비구와 대처 간의 쟁투는 다윗과 골리앗의 싸움에 비견됐다. 숫자 자체가 역부족이었던 데다 주요 사찰은 거개가 대처승의 차지였다.

"고작 1,000명 남짓한 비구승들이 7,000여 명의 대처승들을 이기고 불교를 본연의 모습으로 되돌릴 수 있었던 이유는 죽음을 각오하고 호법護法에 뛰어든 수행자들의 순수한 마음 때문이다." 정화의 정당성을 주장하며 1960년 11월 대법원에서 할복을 감행한 '6비구' 가운데 한 명인 원로의원 월탄 스님의 50주년 기념법회 법문이다. 다만 '폭력'과 '접수'라는 음지의 개념이 난무하던 과정은 현대사의 상처다.

1962년 5월 박정희 군사정부는 불교재산관리법을 제정해 전국의 모든 사찰과 단체의 재산을 나라에 등록하도록 했다. 아울러 이들을 조계종의 테두리 안에 두고 관리했다. '관제官製'라는 논란과 비판을 남겼으나, 여하간 당시엔 국가가 인정하는 유일한 종단이었던 셈이다. 지금까지도 역사로나 규모로나 확실한 정통이다. 2016년 12월 현재 국가가 지정한 총 965곳의 전통사찰 가운데 조계종 사찰이 775곳이다. 조계종 총무원장은 27개 주요 종단으로 구성된 사단법인 한국불교종단협의회(종단협)의 당연직 회장이다. 불교계의 위상과 여론을 대변하며 유일하게 청와대에서 대통령과 독대할 수 있는 스님이다.

o 조계종 총무원장… 유일하게 대통령과 독대할 수 있는 스님

조계종 총무원 호법부護法部는 세간의 경찰 또는 검찰에 해당한다. 스님들의 비위非違를 조사하고, 스님 같지 않은 스님들은 징계에 회부하는 부서다. 말 그대로 '호법' 기능도 있는데, 종단을 음해하거나 뒤흔드는 외부 세력에도 단호히 대처하며 치안에 힘쓴다. 종단의 대표자인 총무원장 스님에 대한 경호도 맡는다.

어느 날 여기로 다음과 같은 제보전화가 걸려왔다. 지방의 소도시에 거주하던 어느 노파가 유명 사찰 이름의 간판을 내건 유

사類似 포교원의 꾐에 빠졌다는 내용이었다. 사연인즉 포교원 원장의 감언이설에 넘어간 할머니는 자식들 몰래 사망한 남편과 자신, 아들과 며느리, 손자 등 가족 전체에 대해 무려 2,800만 원에 달하는 천도재遷度齋 계약을 체결해버렸다. 천도재는 진수성찬과 부처님의 감로甘露법문으로 망자亡者의 회한을 덜어주고 극락에 올려 보내려는 의식이다.

터무니없는 금액도 부당하거니와 대금은 제3 금융 기관을 통해 지불하도록 했다. 사채업자의 덫에 걸려든 것이다. 자녀들이 뒤늦게 이 사실을 알고 계약을 해지하려 했으나 "해약 기간이 경과돼 불가능하고 돈도 돌려받을 수 없다"는 대답이 돌아왔다. 아들딸에게 어처구니없는 피해를 입혔다는 생각에 할머니는 집을 나가버렸다. 진혼鎭魂을 빙자한 상혼商魂과 스님으로 분장한 '업자'가 한 가정을 파탄에 이르게 한 사례다. 씻김굿이 되레 무지막지한 업보만 가져다준 꼴이다.

유사 포교원 문제는 일반 방송사의 시사 고발 프로그램에도 보도될 만큼 매우 심각한 수준이다. 알려진 대로 순박한 노인들이 주된 표적이다. 싸구려 불상을 턱없이 비싸게 팔거나 천도재를 고가高價로 치르게 하는 것이 보편적인 패턴이다. 대부업체와 연계해 그 빚을 후손들에게까지 물리는 수법은 똑같이 악랄하다. 특히 공신력을 얻기 위해 한국불교 대표 종단인 대한불교조계종의 이름을 도용하는 일 역시 전형적인 꼼수다.

o 지금 이 순간에도 만들어지거나 사라질지 모른다

가짜 샤넬백이 샤넬의 세계화나 국민들의 행복을 위해 만들어지지는 않을 것이다. 가품假品을 제작하는 사람들의 의도는 간명하다. 오리지널 브랜드의 권위를 빌려와 주머니를 불리려는 요량이다. 한국불교조계종, 현대불교조계종, 대한선불교조계종, 대한불교조계선종, 한국불교선조계종, 정토불교조계종, 대승불교조계종, 근본불교조계종, 중앙불교조계종, 한국생활불교조계종, 한국호국불교조계종, 한국정통불교조계종, 오필승코리아불교조계종, 순수불교조계종, 진짜불교조계종, 킹왕짱불교조계종… '불교'와 '조계종'을 기본으로 한 글자의 조합은 가히 무궁무진하다. '짝퉁' 조계종은 30여 개를 헤아린다. 사실 숫자를 세는 것은 일견 무의미하다. 지금 이 순간에도 만들어지거나 사라질지 모른다.

사무실을 빌려 전화를 놓고 시작하거나 아예 '유령 종단'인 곳도 있다. 하다못해 유력 인사들과의 기념사진 한 장이라도 남기려고 노력한다. 운이 좋으면 국가 보조금을 허위로 타낼 수 있으리라 기대한다. 이전투구의 백미인 세속의 선거판에서 유난히 기승을 부린다. 2012년 제18대 대통령 선거를 앞두고 어떤 당의 선거대책본부가 자당自黨의 대통령 후보 지지자 명단에 '대한불교조계종 총무원장'이라 적었다가 '대한국불교조계종 총무원장'으로 정정하는 소동을 벌였다. 이즈음 종단협은 유사 종단에 속지 말 것을 국민들에게 당부했다. 불심을 닦기 전에 양심부터 지켜야 한다는 게 불자들의 여론이다. 꺼진 불도 다시 보듯, 대·한·불·교·조·계·종.

가짜가 판치는 것을 막기 위해 '진짜' 조계종도 나름 애써왔다. 2004년 9월 '대한불교조계종'에 대한 상표권을 등록했다. '대한불교조계종 ○○불교'라는 간판을 걸고 포교를 하던 단체에 소송을 제기해, 결국 '대한불교조계종'을 사용하지 못하도록 했다. 종단에 소속된 모든 사찰의 현판은 '대한불교조계종 ○○사'다. 다만 '조계종'에 대해선 아직 법적으로 고유명사임을 인정받지 못한 상태다. 그래서 여전히 '조계종'은 많다. 대한불교조계종 스님들이 극단적으로 스님다워야 하는 까닭도 여기서 유래한다. 동시에 살아서의 아름다움이 죽어서의 아름다움을 보장한다고 부지런히 가르쳐야 한다. 하기야 일반인들이 종단사宗團史의 자잘한 이면까지 알아야 할 필요는 없겠다. 그저 평생 힘들게 모은 돈을 어처구니없이 날리고 마음을 다칠까 싶은 노파심에 이 글을 쓴다.

헌법에는 종교의 자유가 명시돼 있다. 그러므로 종단을 만들기도 쉽다. 우리나라에 종교법인은 따로 없으며 사단법인이나 재단법인 형태로 주무관청인 문화체육관광부의 허가를 받아 등록한다. 타 종교도 마찬가지다. 한국 개신교 최대교파인 대한예수교장로회의 경우 주류인 '통합' '합동' '기장' '고신' '대신' '합신'을 비롯해 이른바 이단과 사이비를 포함하면 300개가 넘는 분파가 있다. 1988년 불교재산관리법이 폐지되면서 군소 종단의 난립은 더욱 심해졌다. 창종創宗 대행업체까지 있다. 50만 원만 주면 승적僧籍을 얻을 수 있다는 얘기까지 돈다.

19

교리는 좋지만
교단은 싫다

#원불교는 불교인가?

통일교는 '세계기독교통일신령협회'의 약칭이다. 문선명(1920~
2012) 초대 총재가 1954년 창시했다. 전 세계 194개국에 약
300만 명의 신도를 거느리고 있다. 1996년 '세계평화통일가정
연합'으로 개명했다. 하나님을 유일신으로 섬기고 예수를 구세
주로 인정하며 신·구약 성서를 경전으로 삼으니 기독교와 비슷
하다. 하지만 '예수가 한국에 재림할 것이며 돌아온 예수 문선
명을 중심으로 인류는 하나의 대가족 사회가 될 것'이라는 교리
부터는 엇나간다. 남한의 주류 개신교는 이단이라고 욕하거나

비웃지만, 북한에서는 대접이 후한 편이다. 문선명의 고향인 평안북도 정주에는 성역화聖域化 목적으로 만든 대지 30만 평 규모의 세계평화공원이 있다. 김일성(1912~1994) 주석과 문선명 총재는 1991년 12월 평양에서 회담을 가졌고 이후 호형호제했다. '교주'들 간의 의기투합으로 볼 수도 있겠다.

o 소태산대종사 "부처님은 나의 유일한 스승"… '불법연구회'로 출발

통일교가 기독교의 근친近親이라면 불교에는 원불교圓佛敎가 있다. 소태산대종사少太山大宗師, 속명 박중빈, 1891~1943가 1916년《금강경》을 읽고 크게 깨달은 뒤 붓다를 '성인 중의 성인'이라 찬탄하며 개창했다. 국내에서는 20세기 이후 발생한 신흥 종교 가운데 제일 번성했다. 2015년 통계청의 종교인구 조사에 따르면 현재 신자는 8만 4,000여 명. 개신교, 불교, 가톨릭(천주교) 다음으로 엄연한 4대 종교로 쳐준다. 다만 3대 종교와의 격차는 대단히 크다(3위 가톨릭 389만 명). 소태산대종사의 고향은 전남 영광이며 전북 익산에 중앙총부가 위치했다. 옆에는 원광대학교가 있다. 원불교가 운영하는 기관 중에 가장 유명하다.

원불교는 불교를 모태로 한다. 교조教祖 본인이 붓다를 존경

했다. "내가 스승의 지도 없이 도를 얻었으나 발심한 동기로부터 도 얻은 경로를 돌아본다면 모든 일이 은연중 과거 부처님의 행적과 말씀에 부합되는바 많으므로 나의 연원을 부처님에게 정하노라(《대종경大宗經》)."《대종경》에는 "이제는 우리가 배울 바도 부처님의 도덕이요, 후진을 가르칠 바도 부처님의 도덕이니, 그대들은 먼저 이 불법의 대의를 연구해서 그 진리를 깨치는 데에 노력하라"고도 기록됐다. 원불교의 상징은 황금 반지 형태의 일원상—圓相이다. 우주 만유의 본원本源이자 일체중생의 본성本性에 값한다. 불교의 절대적 진리인 법신불을 형상화했다. 원불교의 원圓이 이를 뜻한다. 원불교는 본디 익산시 신룡동에서 '불법연구회'란 이름으로 출발했다. 시작은 조촐한 불교공부 모임이었던 것이다.

o 민족주의적이면서도 복고주의적인

이렇듯 내용적으로는 불교와 거의 일치한다. 반면 형식은 기존의 불교와 상당히 다르다. 소태산부터가 '불법'은 중시했으나 '불교'는 비판했다.《조선불교혁신론》을 저술하면서 불교의 폐단을 지적하고 불법의 시대화·대중화·생활화를 선언했다.

"부처님의 무상대도에는 변함이 없으나 부분적인 교리와 제도는 이를 혁신하여 소수인의 불교를 대중의 불교로, 편벽된 수행을 원만한 수행으로 돌리자." 사회 계몽에 방점을 찍었음을 알 수 있다.

실제로 규모에 비해 4대 종교로 고평가되는 연원은 적극적인 사회 활동에서도 찾을 수 있다. 여성 최초의 종교계 수장도 원불교에서 나왔다(한은숙 교정원장). 물론 상황에 따라 다른 행보를 취하기도 한다. 2008년 대한민국 최대 기업인 삼성그룹의 비자금 조성 사건 때는 특검 수사의 자제를 요청했다. 이건희 회장의 아내인 홍라희 여사와 홍석현 전前 중앙일보 회장은 가장 유명한 원불교도다. 이들의 모친은 2013년 작고한 김윤남 원정사圓正師. 원정사는 불교의 큰스님에 해당한다. 2000년대 초반 새만금 간척사업과 관련한 사회적 시비 앞에서는 공식적으로 반대의 편에 섰다. 새만금은 중앙총부가 있는 익산과 가깝다. 사드THAAD의 경북 성주 배치에 분노하는 까닭도 상당 부분은 소태산대종사의 수제자였던 정산종사鼎山宗師의 생가가 있어서다. 2005년 사립학교법 개정 논란 때에는 다른 종교들과 마찬가지로 보수와 진보로 갈라져서 다른 목소리를 냈다.

의식주에서도 불교의 스님들과 차이가 나타난다. 예컨대 수행처를 사찰이 아닌 교당敎堂이라 부른다. 성직자도 스님이 아니라 교무敎務라 불리며 법명이 아닌 속명을 쓴다. 교무도 결혼을할 수 있기는 한데 결혼하지 않은 이를 우대하는 문화다. 정남貞男과 정녀貞女. 여성 교무의 결혼은 암묵적으로 금지되어 있다.특히 흰색 저고리와 검은색 치마에 쪽진 머리를 한 정녀들의 행색이 인상적이다. 교조가 생존할 당시 개명한 여성들의 복장이그랬다. 남자 교무의 복장을 보면 왠지 1935년 발표된 심훈의소설 《상록수》에 등장하는 지식인 청년이 떠오른다. 의식을 집전할 때 가사를 입는데 몸에 두르는 긴 옷감의 전통 가사가 아니라 목에 걸치는 짧은 옷감의 약식略式 가사 형태다. '낙자絡子'라고 하는데 일제강점기에 유행하던 가사다. 민족주의적이면서도 복고주의적이랄까.

o '원불교'가 한국을 대표하는 불교?

원불교는 불교의 종파가 아니라 독자적인 종교를 표방한다. 단적인 예로 불교의 주요 종단으로 구성된 한국불교종단협의회에가입되어 있지 않다. 교리로서의 불교는 숭상하지만 현실로서의 불교와는 거리를 둔다는 게 기본 원칙이다. 맨땅에서 시작한

불교라는 점은 존중받을 가치가 있다. 소태산은 교단 창립 이듬해인 1917년 아홉 제자들과 함께 저축 조합을 만들었고 허례 폐지·미신 타파·금주금연·근검저축 운동을 펼쳤다. 1918년부터는 간척사업에 손을 댔다. 제약 식품 농업 유통회사를 자체적으로 설립해 경영하는 등 '산업불교'의 특색을 갖게 된 유래다.

교단은 중앙총부를 중심으로 국내에 서울, 부산, 경기, 강원, 전북 등 14개 교구에 500여개 교당이 꾸려졌다. 무엇보다 해외 포교에서 발군이다. 미국 뉴욕 주州의 원달마센터를 근거지로 한 미국 동부를 비롯해 미국 서부, 중국, 유럽, 일본에 5개의 교구를 설치했다. 이와 함께 2016년 현재 23개국 67개 도시에 교당을 세워 운영하고 있다. 국내 포교 전략과는 상반되게, 나라 밖에서는 철저하게 '우리는 불교'라고 강조한다는 전언이다.

한국불교 최대 종단인 대한불교조계종 스님들의 위기의식은 이 지점에서 연유한다. 원불교가 외국인들의 시선에 한국불교를 대표하는 교단으로 받아들여진다는 지적이다. '대한불교조계종'을 영어로 표기하면 'Korean Buddhism of Jogye Order'다. 원불교는 'Won Buddhism.' 이름이 짧을수록 정통으로 인식되게 마련이다. 하기야 명칭보다 내실이 우선임은 더 말할 나위가 없다. 조계종의 해외특별교구는 단 1곳이다(미국 동부). 아무튼 종단의 영문명을 'Korean Buddhism'으로 바꾸자는 의견까지 부상하는 형편인데, '너희들만 한국불교냐'며 다른 종단들이 반발할 게 뻔하다. 더구나 정체가 심히 수상한 '1인 종단'이나 '무당 종단'까지 받아들여야 하는 재앙을 맛볼 수도 있다.

○ '남녀호랑교'가 아니라 '남묘호렌게쿄'

종단협의 회장 종단은 조계종이다. 천태종天台宗 진각종眞覺宗 관음종觀音宗 태고종太古宗 등이 부회장을 맡고 있다. 한국불교태고종은 불교정화운동을 통해 조계종이 독신인 비구승 중심으로 재편되자, 이에 반발한 대처승들이 1970년에 따로 차린 종단이다. 대한불교관음종 승려들도 결혼할 수 있다. 고려시대 의천대사가 개창한 천태종을 계승한 대한불교천태종과 밀교密敎의 맥을 잇는 대한불교진각종은 신흥 불교로서의 성격이 강하다. 진각종은 회당晦堂, 속명 손규상이 1947년에 창종했다. 진각종 신도들에게 성존聖尊이라 칭송받는 회당대종사가 태어난 울릉도는 진각종의 성지다. 성직자를 스님이 아니라 정사正師라 하며 외려 정사는 남녀 모두 혼인이 의무다. 천태종의 경우 의천이 만든 천태종을 상월上月, 속명 박준동이 1966년에 중창했다는 것이 공식적인 입장이다. 스님들은 독신인데 비구니들은 머리를 길러야 하는 게 이채롭다. 충북 단양 산골 깊숙이 자리한 구인사는 천태종의 총본산이다. 상월대조사의 동상을 안치한 조사전은 부처님의 대웅전보다 위에 있다.

SGI Soka Gakkai International:창가학회:創價學會는 가장 거대한 신흥불교다. 1930년 마키구치 쓰네사부로牧口常三郎 등이 만들었으며 2012년 1월 현재 192개국에 회원을 뒀다. 국내 회원 수는 150만 명이란 게 이들의 주장이다. 설교와 간증을 중심으로 한 법회는 마치 개신교 예배의 판박이로 보인다. 《법화경》을 근본으로 한 '인간 혁명'이 모토다. 목사처럼 양복을 입은 교주를 신도들은 '회장님'이라고 부른다. 한국인들에게는 '남묘호렌게쿄'란 이름으로 익숙하다. 《나무묘법연화경南無妙法蓮華經》의 일본어 발음이다. 이를 '남녀호랑교'로 잘못 읽어 혼음混淫을 권장하는 사이비 종교란 낭설이 돌기도 했다.

20

누구나 있는 그대로 부처인 세계를,
용납하긴 어렵겠지

#북한에도 스님이 있다고?

8·15 해방 이후 우리나라 전체 인구 가운데 90%는 농민이었다. 그리고 절대 다수가 대지주의 등쌀에 시달리던 소작농들이었다. 초대 대통령 이승만은 이들을 지지층으로 포섭하기 위해 1949년 6월 농지 개혁을 단행했다. 농사를 실제로 짓는 사람들에게 농토를 싼값에 불하한다는 게 골자. 당시만 해도 민간의 재산은 대부분 현금이나 주식이 아니라 토지의 형태였다. 대토지를 보유한 사찰들은 농지 개혁에 미숙하게 대처했다. 그리고 세상 물정에 대한 몽매는 급격한 경제난이라는 과보로 돌아왔다.

땅을 나라에 넘기고 받은 증권은 6·25전쟁 통에 휴지조각이 되거나 착복과 횡령으로 공중분해되는 경우가 부지기수였다. 다음은 1953년 1월 부산 범어사를 찾은 이승만에게 주지 동산 스님이 전한 호소다. "농지 개혁으로 사찰 토지가 모두 분배되니 불량미佛糧米가 없어서 이 큰 가람을 지킬 인원이 살지 못하겠습니다. 더구나 이마저도 처자식이 있는 사판승事判僧이 가지고 있어 수행승들이 살아갈 길이 없습니다."

1950년대 합천 해인사 강원에서 수학했던 전前 조계종 원로의원 명선 스님은 "해인사와 통도사 등은 이승만 정부의 도움으로 사찰에 다시 땅을 반납한다는 각서를 농민들로부터 받아내 땅을 지킬 수 있었다. 그러나 나머지 수많은 사찰의 토지는 흔적도 없이 사라졌다"고 증언했다.

가장 큰 타격을 입은 쪽은 소유를 포기하고 수행에만 전념하던 비구승들이었다. '수행 공간 확보를 위한 18개 사찰 양도 요구'가 이런 배경에서 나왔다. 그러나 대처승이 장악한 총무원이 선심 쓰듯 내놓은 사찰은 가관이었다. 형편없이 가난한 암자 수준의 절이었던 데다, 그마저도 당해 사찰 주지들이 '나도 식구들 먹여 살리느라 허리가 휜다'며 극렬하게 반발했다. 합당한 배분을 촉구하면서 1953년 5월 교구본사주지회의를 항의 방문한 비구승 대표들은 거지 취급을 당하며 쫓겨났다. 이에 이에 의분한 비구승들은 이때부터 대처승 축출을 목표로 세우고는 세력을 규합했다. 불교정화운동의 단초는 이렇듯 생존권에 대한 위협이었다. 만약 대처승들이 이때 비구승들의 청원을 순순히 들어줬다면 역사는 어찌 흘렀을지 모른다는 견해도 보인다. 동서고금을 막론하고, 명분과 이념과 인류애 위에는 언제나 어디나 밥이 있다.

o 하루아침에 늙은 노동자로 전락한 '큰스님'들

사회주의 치하에서는 더 말할 나위가 없었다. 북한의 '무상몰수 무상분배'에 비하면 남한의 '유상몰수 유상분배'는 지주들에게 감지덕지한 조치였다. 김일성은 남한과 같은 해인 1946년 토지 개혁을 통해 북한 지역 내 사찰이 가진 땅을 전부 빼앗았다. 신도들의 시주와 불공도 금지했다. "노동을 하지 않는 자는 먹지도 말라"는 강령 아래 배급마저 중단했다. 불교의 경제적 토대는 단숨에 붕괴됐고 큰스님들은 하루아침에 늙은 노동자로 전락했다.

북한 역시 엄연히 민주주의를 표방한다. 종교의 자유도 헌법에 명시돼 있다. 그러나 실제로는 기능하지 않을 듯한 가치다.

"종교가 들어와서 우리 문화를 발전시켰다고 보아서는 안 됩니다. 원래는 불교나 유교가 들어왔기 때문에 민족문화의 발전에서 큰 지장을 받았다고 하여야 하겠는데…" 1969년 조선노동당 출판사가 펴낸 기록물에 소개된 김일성 주석의 발언이다. 1인 지배체제가 완성된 시기이기도 하다. 인류 역사상 최고의 권력을 지닌 지도자의 입에서 종교에 대한 반감이 드러나는 대목이다. 알다시피 '무소불위'는 순조롭게 세습됐다. 이런 상황에서 종교를 믿는다? 순교까지는 아니더라도 최소한 신분상의 불이익은 감수해야 하는 신심信心이다.

○ 조선노동당의 통제를 받는 조선불교도연맹이 관리

물론 북한에도 아직 불교가 있기는 하다. 일제강점기 조선총독부는 전국의 사찰을 31개 본산本山으로 나누어 관리했다. 현재 조계종 교구본사의 모태다. 31개 가운데 9개는 38선 이북에 있었다. 금강산의 건봉사·유점사(강원도), 구월산의 패엽사·성불사(황해도), 묘향산의 영명사·법흥사·보현사(평안도), 설봉산의 석왕사·귀주사(함경도)는 고려시대부터 명찰이었다. 현지 학생들이 여기로 소풍을 가기도 하고 부처님오신날엔 법회도 연다

(건봉사만 현재 휴전선 아래쪽에 있다).

스님도 있다. 당국이 펴내는 잡지인 《조선》 2004년도 8월호
에는 스님이 300여 명, 신도가 1만 명, 사찰은 64개소로 기재됐
다. 분단될 무렵 북녘에 남아 있던 승려들이 계맥戒脈을 건사했
다. '불교학원佛敎學院'에서는 공식적으로 스님을 길러내며 대선
사大禪師 등 일정한 법계도 갖추고 있다는 전언이다. 단, 전부 대
처승이고 비구니는 없다. 법명이 아니라 속명과 직위로 불린다.

철저하게 관변官邊 불교다. 국가조직인 조선불교도연맹(조불
련)을 중심으로 시도별 위원회가 구성돼 있다. 2001년 북한에
서 발간된 《불교도들의 참다운 삶》에 따르면 조불련은 "전국 각
지 승려들과 신도들의 신앙생활과 활동, 사찰들에 대한 유일한
지위를 보장받는다." 얼핏 막강한 위세를 지닌 조불련 같지만,
다음의 구절에서 곧바로 풀이 죽는다. "여타 종교와 마찬가지로
당으로부터 지도를 받는다." 조선노동당의 통제 아래 이쪽의 스
님들은 불교를 믿는다기보다는 불교라는 '업무'를 본다고 해야
적확하겠다. 사회주의 건설을 위한 각 사찰의 주요업무 중에는
'산나물 채취'와 '약초 생산'도 있다. 할당량도 주어진다.

o 낮에만 쓸모 있는 연등

여하간 북녘 땅에도 사월초파일 행사가 열린다. 당黨 창건일을
비롯한 모든 국가 기념일과 명절이 전부 양력인데, 부처님오신
날만 음력으로 쇠는 점이 특이하다. 부처님오신날에 대한 나라
의 공식 명칭은 석탄절釋誕節 또는 불탄절佛誕節이다. 북한불교 전
문가인 이지범 고려대장경연구소 연구실장에 따르면 67개 사찰
이 부처님오신날 사나흘 전부터 축등祝燈을 걸어 봉축 분위기를
낸다. 전력 사정이 엉망이기에, 연등 안에는 밤에도 불을 밝힐
전구를 굳이 달 필요가 없다. 겉면에는 '지혜' '자비' '상생' 대신
'자주' '강성대국' '결사옹위'와 같은 문구들이 적힌다. 불단에는
제철과일을 올리는 일이 드물며 오래도록 상온에서 저장이 가
능한 대추, 밤, 곶감 등이 올라간다. 남한에서는 흔한 차茶 대신
에 정화수 한 사발 떠놓고 빈다.

북한에서 종교활동이 활성화된 계기는 몹시 정치적이다.
1980년 10월 조선노동당이 남북통일의 대안으로 고려민주연
방공화국을 천명하면서부터다. 김일성은 "북과 남이 서로 상대
방의 사상과 제도를 인정하고 용납하는 기초 위에 민족 통일 정
부를 세우자"고 연설했다. 민족 동질성 회복을 위해 종교계도
대거 동원됐다. 1988년 5월 5일 종전終戰 이후 최초로 '석가탄

신일 기념법회'가 평양 보현사에서 봉행됐다. 대남 선전용이라
는 분석이 적지 않다. '우리도 너희들과 비슷하게 산다.'

남북불교교류가 본격 재개된 것도 그즈음이다. 1995년 당시
조계종 총무원장 월주 스님은 중국 베이징에서 박태호 조불련
위원장을 만나 '남북한 상호방문'을 합의했다. 이후 매년 부처
님오신날 봉축법요식에서 '남북평화통일 공동발원문'을 발표하
면서 봄바람이 무르익었다. 2007년 10월 남북 합작으로 복원을
완료한 금강산 신계사神溪寺가 결정판이다. 2010년 금강산 관광
객 피살 사건에 이은 정부의 5·24 조치로 지금은 소통이 끊어진
상태다.

신계사에서 남북합동법회가 열려 취재를 갔었다. 법회가 임
박하자 조선불교도연맹 고위 간부가 남루한 옷감의 양복 상의를
벗더니 감색이 도는 검은 승복과 붉은 가사를 걸쳤다. 아무리 봐
도 스님이 아니라 공무원이었다. 사실 그의 모습은 해방 이전 승
려들의 보편적인 복장이었다. 그러므로 북한불교는 70여년 전의
그 시간에 멈춰 있는 것으로 간주할 수 있다. 어쩌면 공산주의
체제에서 수행修行이란 부르주아적 반동일 것이다. 아무것도 생
산하지 못하니까. 무엇보다 '내가 곧 부처'라는 이성理性과 저항

심을 일깨울 테니까. 궁극적으로 누구나 있는 그대로 부처인 세계를, 만고에 위대하시고도 유일하시다는 그 '부처님(?)'이 과연 용납할 수 있을까 싶다.

21

발 냄새보다 고귀한
수행의 향기는 없으리

#붓다는 왜 마지막에 발을 내밀었나?

총림叢林은 규모도 제일 크고 스님도 제일 많은 절이다. 방장方丈 스님이 제일 높다. 이분들이 머무는 처소의 이름은 대부분 염화실室이다. '염화미소'에서 유래한다. 풀네임은 '영산회상거염화미소靈山會上擧拈華媚笑.' 붓다가 대중 앞에서 갑자기 꽃 한 송이를 들었을 때, 오직 가섭만이 그 뜻을 눈치채고 빙그레 웃어 보였다는 일화가 전한다. 선가禪家에서 최고의 소통이자 설법으로 쳐주는 이심전심以心傳心의 극명한 사례다. 염화실이란 세상의 이치를 깨달아서 구태여 말로 가르쳐주지 않아도 일거수일투족에서 그대로 진리를 보여준다는 스님들이 산다는 방이다. 말하지 않아도 아는 마음치고, 순수하지 않은 마음 없고 따뜻하지 않은 마음 없다.

○ 붓다의 출가는 빚을 갚기 위한 길

붓다는 기원전 624년에 태어나 544년에 만滿 80세를 일기로 죽었다. 본명은 '싯다르타 고타마Siddhartha Gotama.' '고타마'가 성姓이다. 한자로는 구담瞿曇 그리고 실달다悉達多로 번역한다. '구담'이란 법명의 스님이 있기도 하고 서울 우이동 도선사가 운영하는 신도 교육 기관의 이름은 실달다학원이다. 서른다섯에 깨닫고 난 이후 싯다르타의 삶은 '붓다Buddha'로서 존경받는다.

오늘날 인도와 네팔 국경 어디쯤인 카필라국國에서 왕자 신분으로 출생했다. 일반적인 호칭인 석가모니釋迦牟尼 : Sakyamuni : 사키아무니는 석가족族의 성자라는 뜻이다. 석가는 일종日種이라고도 하는데 곧 태양의 후예이자 태양을 숭배하는 족속이었음을 시사한다. 붓다의 아버지인 숫도다나Suddhodana 임금의 한역명漢譯名은 정반왕淨飯王. 형제들의 이름도 줄줄이 '곡반' '맥반' '감로반飯'이었던 걸 보면, 벼농사로 먹고살던 나라였다고 짐작할 수 있다.

《불본행집경佛本行集經》은 붓다의 일생을 기록한 대표적인 평전이다. 싯다르타가 출가를 하게 된 결정적인 사건이 소개돼 있다. 아홉 살 때였다. 밭에 씨를 뿌리며 한 해 농사의 시작을 기념하는 농경제에서 그는 크게 각성했다. 무더운 날씨에 벌거벗은 농부들이 밭을 갈았다. 농부들보다 더 마르고 초췌한 소들이 농부들에게 맞아가면서 밭을 갈았다. 파헤쳐진 땅에서 벌레들이 기어 나왔고 새떼들이 기다렸다는 듯이 날아들어 쪼아 먹었다. 불쌍한 생명이 자기보다 더 불쌍한 생명을 살기 위해 물어뜯는 꼴이었다. 특별히 조숙했던 싯다르타는 시원한 일산日傘 아래에 자리한 '금수저'로서 몹시 죄스러웠다. 자신이 누리는 부귀영화는 사실 그들에게 지옥을 떠넘기고 강요한 대가였으니까.

사문유관四門遊觀 역시 출가에 직접적인 영향을 끼쳤다. 열다섯 살 때였다. 싯다르타는 동쪽과 서쪽과 남쪽의 성문에서 각각 노인과 병자와 시체를 목격하고 생로병사의 아픔을 통감했다. 마지막 북쪽 성문에서 모든 불행을 떨쳐낸 모습의 사문沙門을 보고 출가를 결심했다는 내용이다. 그가 목격한 참상은 단순한 생로병사가 아니라 약자들의 처참한 생로병사였다. 조계종 화쟁위원장 도법 스님은 "아무리 귀하게 자랐다 해도 사춘기가 될 때까지 사람이 늙고 병들고 죽는다는 것을 몰랐다는 것은 비

현실적"이라며 "사문유관은 인간의 실존적·사회적 고통에 대한 물음으로 해석되어야 한다"고 말했다. 붓다의 출가가 과연 진리를 알고 싶다는 철학적 호기심이나 천하를 주유하고 싶다는 낭만적 치기의 결과였을까. 죄를 씻기 위한 길이었고 빚을 갚기 위한 길이었다.

○ 아무나 제자로 받아주면서 이룩한 '평등'

농경사회에서는 수확량을 결정하는 태양과 빗물이 가장 중요하다. 또한 인위적으로 통제할 수 없는 태양과 빗물을 품은 하늘이, 인간은 절대적으로 두려웠다. 그래서 운명적인 인생관을 가지기 쉽고 사회체제 역시 수직적이다. 인도의 뿌리 깊은 신분제도인 카스트Caste. 모든 국민은 ▲ 성직자이자 지식인층인 브라흐만Brahman:婆羅門:바라문 ▲ 무사이자 왕족인 크샤트리아Ksatriya:刹帝利:찰제리 ▲ 상인이자 서민인 바이샤Vaisya:毘舍:비사 ▲ 노예이자 육체노동자인 수드라Sudra:首陀羅:수타라 등의 4종류로 나뉜다.

기원전 13세기에 찬술된 《리그베다》에는 최초의 인간이었던 푸루샤purusha의 머리와 팔과 허벅지와 발에서 각각 4성性 계급이 출현했다고 적혔다. 카스트 치하治下의 사람들은 내생의 승진

만을 기대하며 현생의 핍박을 감수하는 편이다. 윤회에 대한 맹종과 현실에 대한 체념은 카스트를 키우고 다졌다. 법적으로는 폐지됐으나 정서적으로는 유효해서 아직까지도 인도인들의 편견에 기름을 붓는다. 최악의 계급은 하리잔Harijan이다. 카스트의 축에도 못 끼는 이른바 불가촉천민不可觸賤民. 그들의 그림자만 밟아도 부정이 탄다며 질겁한다. 요즈음의 하리잔도 보통 시체와 쓰레기를 치우는 게 생업이며, 쓰레기 취급을 받으면서 살아간다.

붓다는 공고했던 카스트를 조금씩 부숴나갔다. 방법은 간단했다. 아무나 제자로 받아줬다. 더불어 신분의 귀천과 무관하게 출가를 하루라도 먼저 했으면 형으로 모시게 했다. 왕족 출신이었던 데바닷타가 발끈한 이유이기도 하다. 10대 제자 가운데 한 명이었던 우파리는 이발사였고 수드라였다. 아나율은 맹인이었다. 주리반특가周利槃特迦:Suddhipanthaka:수디판타카는 지적장애인이었다. 미련하고 무식해서 무리로부터 놀림을 받았다. 붓다는 법문을 잘 이해하기가 어려우면 청소만 열심히 해도 된다고 격려했다. 그는 빗자루질로 아라한이 되었다.

최고의 미담은 니제尼堤에 관한 것이다. 하리잔이었고 동네의 똥을 치우면서 밥을 벌었다. 어느 날 똥지게를 지고 가던 니제

는 골목길에서 붓다를 마주쳤다. 행여 '부처님'의 몸을 더럽힐
까 얼른 비키려하다가 실수로 붓다의 몸에 똥통을 쏟고 말았다.
불가촉천민이 귀족 출신에게 오물을 뒤집어씌웠으니 죽거나 손
목을 잘려야 할 처지였다. 그러나 붓다는 두려움에 떠는 니제의
손을 잡고 함께 갠지스강에 들어가 목욕을 했다. 이게 불교다.

ㅇ 약점을 물고 늘어지지 않는 게 불교

염화미소는 삼처전심三處傳心 가운데 한 토막이다. 붓다가 가섭
을 세 곳의 장소에서 자신의 후계자로 공표했다는 고사다. 삼처
전심의 나머지는 법회에 늦은 가섭을 위해 당신의 자리 절반을
선뜻 내주었다는 다자탑전분반좌多子塔前分半座 그리고 당신의 장
례식에도 늦은 가섭에게 이미 열반에 든 붓다가 관棺 밖으로 두
발을 내보였다는 사라쌍수곽시쌍부沙羅雙樹槨示雙趺. 어쩌면 지각
대장이 그룹의 회장 자리에까지 오른 매우 불공정한 인사다.

지각대장은 또 있었다. 붓다가 기원정사에 머물 때다. 어느
농부가 자신의 마을에 붓다가 방문한다는 소식을 듣고 기뻐했
다. 법문을 들으러 가려던 날, 마침 간밤에 소가 고삐를 풀고 가

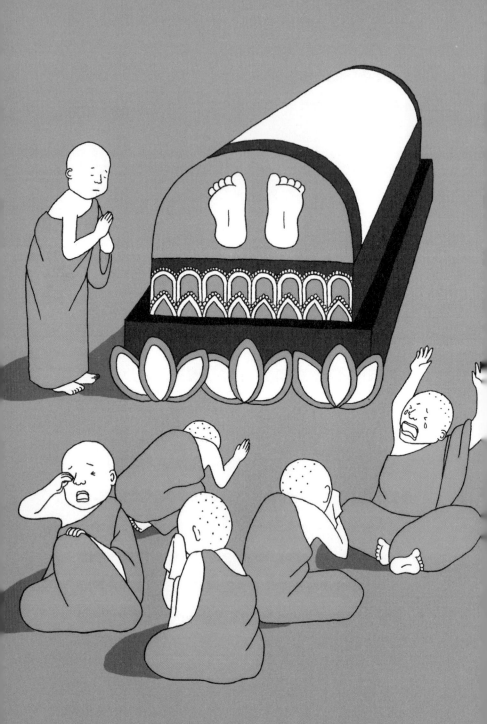

출을 했다. 동네방네를 돌아다닌 끝에 한낮이 지나서야 소를 되찾았고, 그때서야 법문을 들으러 갔다. 그의 행색을 본 붓다는 비구들에게 공양을 올리고 남은 음식이 있느냐고 공양주에게 물었다. 음식을 농부에게 주게 하고 농부가 음식을 다 먹을 때까지 기다렸다가 법상法床에 올랐다. 법회가 끝난 후 비구들이 투덜거렸다. 가난하고 볼품없는 일개 재가자를 위해 그 많은 사람들을 기다리게 한 처사에 대한 불만이었다. 이에 붓다는 말했다. "나는 배고픔의 고통을 겪고 있는 사람에게 법문하면 법문을 잘 들을 수 없을 것이라고 생각해서 음식을 가져다주라고 말한 것이다. 비구들아, 이 세상에 배고픔의 고통보다 더한 고통은 없다《법구경》)." '이심전심'을 실현하려면 마음을 다 해야 하는 법이다. 배고픈 이에게 당장 내 밥을 퍼주는 게 진짜 법문이다.

'한 사람이 모두를 위해서'라는 명제에는 쉽게 동의하지만, '모두가 한 사람을 위해서'라는 명제에는 길길이 날뛰는 게 현대인들이다. 도법 스님은 "이는 '너는 너고, 나는 나다'라는 단절적 생명관에 바탕하고 있다"며 "단 한 명의 아픈 사람이 바로 공동체의 중심"이라고 강조했다. 새끼발가락 하나만 다쳐도 나의 모든 감각과 정신이 그 통증 속으로 빨려 들어가게 마련이다. 그리하여 새끼발가락이 곧 나이고 새끼발가락을 치료해야만 나의 평화가 성립된다.

그리고 온전해진 새끼발가락이 언젠가는 나를 살린다. 붓다가 열반한 직후 '천하의 잔소리꾼이 사라졌으니 이제 우리는 모두 자유'라고 지껄이던 부류들을 제압하고, 경전 결집으로 교단의 안정을 이룬 이는 가섭이었다. 가섭의 '늦음'은 동료들에게는 '약점'이었을 것이다. 몇몇은 집요하게 물고 늘어지며 영원히 기를 죽였을 테고. 그러나 붓다에게는 그냥 '사실'이었다. 잘못된 행위에 대해 진심으로 참회만 하면, 더는 잘못된 사람으로 취급하지 않았다. 자기가 싼 똥 자기가 치우는 게 불교요 치우고 나면 잘했다고 안아주는 게 불교다. 붓다의 진한 '쿨내(?)'에 감동한 가섭의 약점은 그리하여 훗날 '보은報恩'이 됐다. 사람들아, 그만 좀 짓밟고 살자. 어제 내가 무너뜨린 자는 나의 미래였을지도 모른다.

○ 우리는 누구나 섹스의 산물이다

팔리어 경전에는 인간의 타락과 계급 발생의 원리가 설명돼 있다. 붓다는 여기서 이렇게도 말했다. "바라문의 아내에게도 월

경, 임신, 출산, 수유가 존재한다." 단순한 문장 같지만 기실 엄청난 선언이다. 바라문들은 하느님의 적자이거나 신의 입에서 태어나는 존자尊者가 아니라, 여염집 아들딸과 똑같이 남녀 간의 섹스에서 태어나는 인간일 뿐이라는 '팩트 폭격'이다. "출생을 묻지 말고 그의 행위를 물어야 한다. 어떤 땔감에서도 불이 생겨나듯, 비천한 가문에서도 현자가 태어난다네(《상유타니카야 Saṃyutta-nikāya》)." 붓다는 이걸 가르쳐주기 위해 인도 전역을 맨발로 다니면서 포교했다.

발은 신체에서 가장 학대받는 부위다. 온몸이 내려찍는 하중을 견디면서도 그 야속한 몸뚱이를 군말 없이 이리저리로 옮겨다준다. 대통령은 수시로 바뀌어도 도시는 언제나 깨끗하다. 최저 임금을 받는 자들이 구석구석 쓸고 닦아준 덕분이다. 세상을 세상답게 떠받치는 건 이렇듯 온갖 미물과 하층이다. 머리가 계산을 하고 팔이 도둑질을 할 때, 허벅지는 일을 하고 발은 더 많은 일을 한다. 가섭에게 내보인 붓다의 발은 최후의 설법이었다. 발의 고마움을 알아, 발을 본받고 발처럼 살라는 당부였을 것이다. '힘든가? 억울한가?… 다만 부지런히 걸어가라!' 사정이 이러하니… 발 냄새보다 고귀한 수행의 향기는 없으리.

22

남을 위해 '열일'을 한 뒤에라야,
남이 하나라도 준다

#숭유억불…조선시대 불교는 핍박만 받았을까?

"새 술은 새 부대에"는 얼핏 우리네 속담 같지만 알고 보면 성경에 나오는 구절이다. "Ultimately it is that new wine must be put into fresh wineskins(〈신명기〉)." 낡은 가죽 주머니에 담을 경우 발효성이 강한 포도주가 쉬이 상하기 때문이다. 미국의 초대 대통령 조지 워싱턴은 이를 인용하며 합중국의 행정수도인 워싱턴D.C. 건설에 박차를 가했다.

또한 새 부대에 담긴 새 술은 새로 입주한 집주인이 마시는 법이다. 왕조의 교체는 임금만이 아니라 기득권까지 바꿔놓는다. 아울러 새로운 권력이 지나간 권력을 최대한 악惡으로 매도하는 것이 정치의 기본이고 역사의 정석이다. 특정한 사회의 관행과 정신이 부패하고 문란해지는 이유는 간단하다. 기존의 주류 세력이 신흥 세력에게 패배했을 때다. 굴러온 돌이 박힌 돌을 뺄 때, 몸통 그대로 빠져나가는 경우는 드물다. 반쯤은 처참하게 잘려서 나간다.

o 여자가 절에 가서 기도하면 '곤장 100대'

조선 건국의 기초를 다진 삼봉 정도전은 불교를 매우 미워했다. 《불씨잡변佛氏雜辯》을 쓰면서 '부처님의 말씀'은 '동네 김 씨의 개소리', 스님들은 '밥버러지'라고 욕했다. 불교의 근본 교리보다는 윤회와 지옥의 비합리성에 대한 비판에 초점을 맞췄다. 책에는 남을 위해 희생하는 자비가 '미친 짓'이라는 비난도 보인다. 출가가 인류을 등지는 일이고 게다가 인도 출신인 붓다는 '오랑캐'니까 따르면 안 된단다. 논리는 자못 궁색하지만 성리학을 띄우려면 어떻게든 짓밟아야 했다. 태종 이방원은 자신을 위협하는 정적으로 부상한 정도전을 잔인하게 죽였으나 그의 생각만은 살려두어 뽑아먹었다. 아버지 이성계의 평생 친구였던 무학대사가 죽자마자(1405년) 대대적인 불교 탄압에 나섰다.

1405년 242개 사찰만 남기고 나머지 사원이 소유한 토지와 노비를 몰수했다. 다음 해엔 88개까지 감소했다(조계종 24, 천태종 17, 자은종 17, 화엄종 11, 중신종 8, 총남종 8, 시흥종 3). 절을 새로 짓거나 불상을 조성하거나 스님들의 법문을 청해 듣는 일도 불허했다. 출가할 수 있는 자격도 엄격히 제한했다. 왕사王師 제도는 당연히 없어졌다. 아들인 세종대왕은 만인에게 성군이 었으나 불교에만은 모질었다. 7개 주요 종파를 선교양종禪敎兩宗 2개로 통폐합하고 사찰의 숫자는 36개까지 줄였다. 불상은 녹여서 무기로 만들었다.

왕권의 거듭된 억불抑佛은 국력 강화의 입장에서는 일견 타당했다. 더 많은 세금을 걷고 병력을 늘리려면 불가피한 조치였다. 불교를 국교로 했던 고려 후기 사찰이 보유한 땅의 면적은 10만 결結, 승려의 숫자는 10만 명이었다. 각각 전 국토의 6분의 1, 전 인구의 7분의 1 규모였다. 권문세족과 결탁한 교단은 승가僧伽 이전에 장원莊園이었다. 이즈음의 스님들은 고리대금도 즐겼다. 삼봉은 탁발을 해주지 않는 백성에게 지옥에 갈 것이라고 저주를 퍼붓는 승려들에 분개했다. 인과응보일 것이다.

명실상부한 국법인《경국대전經國大典》이 완성되면서 조선의 불교는 금기로 굳어졌다. 이때부터 여자가 절에 가서 산신에게 기도를 올리면 곧장 100대를 맞아야 했다(음사陰祀). 승려를 선발하는 승과제僧科制도 폐지했다. 국가에서 더 이상 스님을 길러내지 않은 것이다. 연산군은 불자들에게도 폭군이었다. 비구들에게 결혼을 강요했고 사냥을 나갈 때 일꾼으로 썼다. 여성의 출가를 금지했으며 20세 이하의 비구니는 전부 환속시켰다. 《중종실록》에는 "무술년(1538년)에 유생들이 닥치는 대로 중을 죽이고 절을 불태웠다"라고 쓰였다. 조선의 중기中期는 멸불滅佛과 함께 시작됐다.

o '호국의승의 날' 국가 기념일로 제정해야

조선의 전기와 후기는 양난兩難을 기점으로 갈라진다. 임진왜란은 잔해만 남은 불교에 회생의 기회를 제공했다. 승병들의 활약 덕분이다. 스님들은 애민愛民의 가치와 불살생계不殺生戒를 맞바꿨다. 더군다나 자신을 멸시하는 이를 위해 도리어 목숨을 바친, 완벽한 이타利他였다. 단순히 군인이 아니라 보살들이었다.

서산대사西山大師로 유명한 청허휴정淸虛休靜, 1520~1604은 1592년 7월 도총섭都摠攝에 임명된 직후 전국 사찰에 동원령을 내려

5,000여 명의 병력을 모았다. 가히 모든 스님들이 참전했다고 보면 된다. 이들은 행주대첩의 주역이 됐고 평양성 탈환의 선봉에 섰다. 성벽을 쌓고 군량미와 화살을 조달하는 병참에서도 탁월했다. 국경인 의주까지 피난을 갔던 국왕 선조는 700명 의승의 호위를 받으며 서울로 귀환했다.

승군의 전공과 투지는 방방곡곡 소문이 났다. "아군의 병사들은 그 수도 적고 군세도 나약하나 오직 승병만은 숫자가 많고 군세는 시간이 지날수록 강력해지고 있다(《선조실록》)." "승려들조차 의분을 일으켜 떨치고 일어나 죽음을 맹서하고 왜적을 쳐부수고 있는데 하물며 우리 유생들이 가만히 있어서야 되겠는가(《난중잡록》)." 평양성 수복의 1등 공신이자 휴전협상에 기여한 사명四溟대사 유정惟政도 청허휴정만큼이나 대단했다. 이밖에도 금산성 전투에서 순국하며 왜군의 호남 진출을 막은 영규靈圭, 행주대첩의 영웅인 처영處英, 황해도에서 거병한 의엄義嚴, 전북 전주 지역 승병대장이었던 각성覺性, 수군으로서 충무공 이순신을 도왔던 자운慈雲과 옥형玉炯 역시 기억해야 할 이름이다. 어느 고장에서 얼마나 봉기했는지는 아직도 발굴하고 있는 상황이다.

특히 승병을 총지휘했던 서산대사의 행보는 '대승보살도'의 표본으로 평가받는다. 그는 전쟁 발발 이전 조선 최대의 사화士 禍였던 정여립 역모 사건(기축옥사)에 가담했다는 누명을 쓰고 옥고를 치렀다. 선불교의 고전으로 손꼽히는 저작인《선가귀감 禪家龜鑑》이 사대부들에 의해 눈앞에서 불태워지는 수모를 당하기도 했다. 국가권력에 누구보다 깊은 원한을 가질 법한 이력이지만, 백성이 위기에 처하자 사사로움 따윈 개나 줘버렸다. "싸울 수 있는 승려들은 자신이 직접 이끌어 전투에 참여하고, 늙고 아파서 못 싸우는 승려들은 절에서 기도하도록 하겠나이다." 도총섭 임명 교지를 받고 국왕이었던 선조에게 올린 장계의 일부다. 그때 스님의 나이는 73세였다. 조계종은 국가 기념일로서의 '호국의승護國義僧의 날' 제정을 정부에 계속해서 청원하고 있다.

ㅇ 죽음 앞에서 불자가 된 세종대왕

그나마 호불護佛의 군주를 꼽으라면 제7대 세조와 제22대 정조다. 세조는 간경도감刊經都監을 설치해 주요 경전을 한글로 번역했다. 행차하는 곳에 쇠락한 절이 있으면 중수重修를 지시했다. 탑골공원에 있는 국보 제2호 원각사지 10층 석탑도 그의 작품이다. 이때 승려의 도성都城 출입이 잠시 허용됐다. 잔혹하게 숙청한 단종 일가와 사육신에 대한 죄책감을 그는 이렇게 씻었다.

정조는 수원 화성을 축조하면서 아버지 사도세자의 원찰願刹인 용주사를 창건했다. 즉위 초반엔 그 역시 심드렁했다. 부모의 은혜를 부처님의 자비에 비유한《부모은중경父母恩重經》을 우연히 읽고 마음을 고쳐먹었다는 전언이다. 1760년 작作인《여지도서輿地圖書》에 나타난 팔도八道 사찰의 숫자는 1,530개였다. 정조의 집권 말기인 1799년에 편찬된《범우고梵宇攷》에는 1,763개로 기록됐다.

그래도 '숭유억불'이라는 국시國是는 공고했다. 시주와 불공에 의한 전통적 수입은 시간이 흐를수록 거의 씨가 말랐다. 승려들은 자구책을 도모해야 했다. 짚신을 만들어 팔고 강둑과 광산을 개발하기도 했다. 막걸리까지 빚었다. 17세기 이후 발생한 사찰계寺刹契는 출가자와 재가자가 적극적으로 연대하며 부를 창출했다는 반증이다. 교단은 물적 기반을 바탕으로 스님들의 계보系譜를 정리하면서 조금씩 법통과 위상을 추슬렀다. 18세기 '삼종선三宗禪 대 이종선二種禪'이라는 조선 후기 고승들을 중심으로 전개된 논쟁은 이 과정에서 나타난 정신적 르네상스였다. '선의 종지宗旨가 3개냐, 2개냐' 보다 중요한 것은, 비로소 불교를 자유롭게 말할 수 있게 됐다는 점이겠다. 그리고 맞으면 맞을수록 강해진다는 것.

'사람이 죽어 기氣가 흩어지면 그만'이라며 죽음 이후의 문제에는 젬병이었던 유교다. 앞으로는 헛기침을 하며 억불을 역설했으나 뒤로는 쉬쉬하며 부처님을 믿었던 게 왕족들이다. 그들은 부모나 자식이 죽으면 절을 짓고 사자死者의 위패를 모셨다. 서울 갈현동 수국사나 돈암동 흥천사는 도성 근처에 있던 대표적인 원찰들이었다. 세종대왕도 말년에는 궁중에 내불당內佛堂을 건립했다. 훈민정음으로 맨 먼저 만든 책은 불서佛書다(《석보상절釋譜詳節》). 그리고 학살을 참회하던 세조가 있었다. 나의 죽음이든 내가 저지른 죽음이든, 죽음 앞에서는 다들 약해진다는 사실을 배울 수 있다. 승병들에게서는? 자고로 남을 위해 '열일'을 한 뒤에라야, 남이 하나라도 준다는 것.

23

불성에는
남북이 없다

#남방불교와 북방불교의 차이는?

붓다가 출가자들의 행동 지침을 구구절절 기록한 《율장》은 금지의 연속이고 축적이다. 율장에 따르면 사실상 비구는 아무것도 하면 안 된다. 목숨만 겨우 부지하면서 숨만 쉬고 살라는 식이다. 생전의 붓다가 지향했던 불교는 '공부'도 아니고 '참나'도 아니고 '보시'도 아니고 애오라지 '지계持戒'였다. 계정혜 삼학이란 초기불교의 교리에서 보듯, 일단 몸을 철저히 단속하는 계율을 지켜야 마음이 고요해지는 선정이 가능하고 거기에서 참된 지혜가 생긴다고 봤다. 서산대사의 말마따나 "음란하면서 참선하는 것은 모래를 쪄서 밥을 지으려는 것과 같다(《선가귀감》)." 더구나 신이 아닌 인간을 귀의의 대상으로 삼는 종교이니 비구들은 하나같이 초인이어야 했다. 남들 즐기는 것 다 즐기는 자들의 말은 설법이 아니라 그냥 강의이겠다. 하지만 지독하게 엄격했던 할아버지가 돌아가시자 자손들은 슬슬 딴청을 피우기 시작했다.

상대적으로 젊어서의 이혼은 아내의 경우 남편의 외도 때문에, 남편의 경우 아내의 헤픈 씀씀이 때문에 일어난다는 전언이다. 반면 황혼 이혼은 남편의 퇴직 후, 하루 종일 한 방에서 그의 더러움과 귀찮음을 견뎌야 하는 아내가 끝내 폭발해서 벌어진다. 붓다가 열반한 지 100여 년쯤 지나 '근본 분열'이 발생했다. 십사비법+事非法은 남방불교와 북방불교를 갈라놓는 결정적 계기였다. 생활방식과 관련된 열 가지 계율에 대해 조금 완화해야 되지 않느냐를 두고 논쟁을 벌이다가, 한쪽이 도저히 같이 못 살겠다며 집을 나갔다. 남은 쪽이 상좌부 곧 소승불교이고 떠난 쪽은 대중부 곧 대승불교다.

o 스님도 사람인데… 주머니에 돈 몇 푼은 있어야죠

불교사를 뒤흔든 십사비법은 다음과 같다. ▲ 비구는 어떠한 음식도 비축해서는 안 된다는 계율에 대하여, 맛을 내는 기본인 소금만은 지녀도 되지 않겠느냐는 염정鹽淨 ▲ 오후불식午後不食 계율에 대하여, 그러면 너무 배가 고프니 정오正午가 지나 그림자의 길이가 손가락 두 마디 이내인 한에서는 먹어도 되지 않겠느냐는 이지정二指淨 ▲ 한 취락에서 탁발하여 한 번만 먹어야 한다는 계율에 대하여, 이래도 너무 배가 고프니 식사를 끝내고 다른 취락에 가서 탁발하여 또 먹어도 되지 않겠느냐는 취락간정聚落間淨 ▲ 정해진 곳에서만 포살布薩, 비구들이 한자리에 모여 서로의 정진을 점검하고 격려하는 전체 회의을 행해야 한다는 계율에 대하여, 불가피하게 출타를 해야 할 사정이 있게 마련이니 다른 곳에서 임시로 포살을 행해도 되지 않겠느냐는 주처정住處淨 ▲ 정족수定足數에 미달하면 갈마羯磨, 교단의 운영 또는 징계를 다루는 전체 회의를 행해서는 안 된다는 계율에 대하여, 정족수에 미달되더라도 나중에 불참한 비구의 승낙을 예상하고 갈마를 행해도 되지 않겠느냐는 수의정隨意淨 ▲ 선례先例에 따른다는 뜻으로, 스승의 습관적인 행위를 따르면 계율에 위배되어도 죄는 아니지 않느냐는 구주정久住淨 ▲ 오후에는 먹지 말라는 계율에 대하여, 오후에 우유는 마

셔도 되지 않느냐는 생화합정生和合淨 ▲ 술 마시지 말라는 계율에 대하여, 채 술이 되기 전의 과일즙은 마셔도 되지 않느냐는 수정水淨 ▲ 이사단尼師壇은 산스크리트 'Niṣīdana'의 음사로 좌구坐具를 가리키는데, 좌구에 원칙대로 테두리를 붙이지 않거나 비구 각자의 마음대로 좌구의 크기를 정해도 되지 않느냐는 불익루이사단정不益縷尼師壇淨 ▲ 어떠한 물건도 비축해서는 안 된다는 계율에 대하여, 나중에 옷이나 약을 구입할 용도로 금이나 은은 지녀도 되지 않느냐는 금은정金銀淨이다.

특히 금은을 소유한다는 것은 '무소유'라는 출가수행자의 기본정신과 정면으로 배치된다. 늙은 비구 '야사耶舍'는 당시 상업도시였던 바이샬리에서 현지 승려들이 신도들에게서 금은을 얻어가는 장면을 보고는 분개해서 제2차 경전 결집을 주도했다. 군대식으로 말하면 '집합'이다. 하지만 군대처럼 고참이 몽둥이를 들고 설치면 모든 문제가 백지화되지는 않는 게 불살생을 받드는 승단이다. '계율을 철저히 되새기며 해이해진 기강을 바로잡아야 한다'는 보수주의자들에게, '스님도 인간인데 조금은 인간답게 살아도 괜찮다'는 진보주의자들이 대들었다.

상좌부上座部는 원로들의 모임, 대중부大衆部는 소장파들의 모임이었다. 많은 사람을 일컫는 '대중'에서 대중부가 다수파였다고 유추된다. 시대적 배경 역시 대세의 변화를 암시한다. 알렉산더 대왕(재위 기원전 336~323)의 인도 침략은 동서양을 잇는 알렉산더 루트를 만들었다. 교통로의 발달은 무역업의 번성을 낳았다. 야사가 시골 출신의 장로長老였다는 점도 상징성을 갖는다. 늙은이보다 젊은이가 정력적이라는 건 상식이다. 대중부는 경제 활동에 익숙해진 부류였다고 추측해볼 수도 있다.

o '해탈'이 먼저일까 '헌신'이 먼저일까

불교는 인도에서 시작됐으나 정작 현대의 인도에는 불교가 없다. 역사와 유적은 있으나 교단과 스님은 없다. 사실상 국교인 힌두교의 특징은 통합을 통한 말살이다. 붓다를 유지維持의 신神인 비슈누Vishnu의 아홉 번째 화신化身으로 모심으로써, 불교의 정체성을 무너뜨렸다. 외려 불교는 인도 이외의 지역에서 오늘날까지 흥행하고 있다. 원칙을 고수한 상좌부불교는 미얀마, 태국, 라오스, 캄보디아, 스리랑카 등 동남아시아에 자리를 잡았다. 그래서 남방南方불교이며 상좌부란 산스크리트 '테라바다Theravada'의 한역이다. '장로들의 길'이란 뜻이다.

자유를 선택한 대중부불교는 아시아의 서북쪽과 동북쪽으로

올라갔다. 서쪽의 육로로는 티베트, 네팔, 부탄, 동쪽의 해로로
는 중국, 한국, 일본, 베트남 등지에 전해졌다. 산스크리트로는
'마하상기카Mahāsāṃghika.' 한편 북방北方불교는 동서로 경로가 나
뉘면서 전통도 달라졌다. 서북의 불교는 진언과 주술을 강조하
는 밀교密敎가 중심이다. 이에 반해 동북의 불교는 달마를 시조
로 하는 조사선祖師禪이 유입되고 경전 연구가 활발해지면서 좌
선과 경학이 발달했다.

흔히 북방불교는 대승大乘불교로 남방불교는 소승小乘불교로
달리 칭한다. '소승'이 '대승'에 의한 폄칭이란 것은 보편적인 상
식이다. 대승불교권인 한국에서 고등학교를 다닌 학생들은 다
들 '소승불교는 개인의 해탈만을 중시하고 대승불교는 중생 모
두의 해탈을 추구한다'라고 배운다. 젊고 활달하며 돈깨나 벌었
던 대중부는 자신들이 '큰 수레Mahāyāna:마하야나'라며 깐깐하고 쩨
쩨한 노스님들이 지배하는 기존의 교단을 '작은 수레hinayāna:히나
야나'라고 깔봤다. 신도들의 보시에 전적으로 의존하면서 경전
이나 달달 외우고 있는 모습이 한심해 보였던 모양이다. 그들은
적극적인 실천을 강조했고 여기에 입각해 보살菩薩이라는 최고
의 인격이 설정됐다. 대중부의 주축은 스님들이 아닌 재가불자
들이었다고 짐작할 수 있는 이유이기도 하다.

○ 붓다가 유생儒生이었다고?

대승불교는 그야말로 '큰 수레'여서 붓다도 다불多佛이다. 석가모니불, 비로자나불, 아미타불, 약사여래 등등을 포함해 공간적으로는 시방十方, 동·서남·북·동남·서남·동북·서북·상·하 시간적으로는 삼세三世, 과거·현재·미래에 셀 수 없이 많은 부처님이 있어 중생들을 보살핀다는 관점이다. 힌두교의 다신교 전통과 흡사하다. 반대로 소승불교에서 붓다는 오직 석가모니불 한 분뿐이다. 그래서 붓다는 그들에게 신이다. 같은 맥락에서 사람은 아무리 노력해도 부처가 될 수 없으며 '아라한'까지가 수행으로 이를 수 있는 한계치라고 여긴다. 대승불교에서는 누구나 마음속의 무명無明만 타파하면 성불成佛 곧 부처가 될 수 있다고 가르친다.

대승불교권인 동아시아의 불화佛畵에는 붓다가 아버지 정반왕의 관을 매고 가는 장면이 종종 나타난다. 세속을 떠났으나 부친의 장례만은 직접 치렀을 정도로 효자였음을 보여주려 한 것이다. 남방불교의 경전에는 전혀 없는 이야기다. 또한 대승 경전에는 붓다가 왕과 귀족들을 대상으로 법을 설할 때 자신의 7대조까지 언급하는 장면이 나온다. 붓다 자신이 귀한 가문의 후손이며 순수한 혈통이라며 자랑하는 모양새다. 유교가 지배하던 동북아시아의 사회질서를 고려한 흔적이다. 고루하기는 소승불교도 마찬가지다. 비구니를 인정하지 않거나 홀대한다.

이밖에도 소승불교에서는 붓다의 원음原音만을 경전으로 쳐준다. 당신이 실제로 사용한 팔리어로 적힌 경률론經律論 삼장三藏, 경장·율장·논장의 세 가지 불서만이다. 이와 대조적으로 대승불교에는 이른바 팔만대장경이 있다. 소승불교가 계율을 목숨처럼 여기는 까닭 역시 붓다가 직접 계율을 제정했기 때문이다. 상대적으로 대승불교는 마음의 깨침을 강조하는 나머지 몸의 깨끗함에 대해서는 소홀히 하는 구석이 있다. 그리하여 부처님처럼 하루 한 끼만 먹고 맨 어깨를 드러내는 동남아시아의 몇몇 스님들은, 하루 세 끼를 먹고 가사 안에 장삼을 받쳐 입는 대승불교 권역의 스님들을 손아래로 취급한다.

그러나 욕하고 헐뜯기 시작하면 한도 끝도 없는 것이 인간의 심리이고 세상의 요지경이다. 선입견을 걷어내면, 결론적으로 소승불교는 근본주의적이고 대승불교는 다원주의적이라고 말할 수 있다. '소승' '대승'보다는 '남방' '북방'이라고 구분하는 게 제일 깔끔하겠다. 중국 선종의 5조 홍인이 "남쪽에서 온 무식쟁이"라고 놀리자 6조 혜능은 "불성佛性에 남북이 있느냐"고 따졌다. 사이다에 와사비를 섞은 격이다.

24

인간의 독선은
부처님도 못 막는다

#불교에도 종교전쟁이 있었을까?

베트남은 한자문화권이다. 그래서 동남아시아의 여타 국가는 소승불교이지만 여기만은 대승불교를 믿는다. 이 나라 출신의 세계적인 승려 틱낫한의 법명 '낫한'을 한자로 읽으면 一行일행이다. 성姓에 해당하는 '틱'은 '釋석'을 현지 방식으로 발음한 것이다. 석가모니 곧 붓다의 가문이란 뜻이다. 우리나라 스님들도 예전에는 이름 앞에 '석'을 붙이는 사례가 꽤 있었다. 족보를 중시하는 유교 문화의 영향으로 인해 '김○○ 스님' '이○○ 스님' '박○○ 스님' '최○○ 스님' 등 속가의 성을 나란히 쓰기도 했다.

틱낫한 이전에 제일 유명했던 베트남 스님은 '틱꽝둑'이었다. '석광덕釋光德.' 1963년 6월 11일 남베트남 정부의 불교 탄압에 항의하며 분신했다. 소신공양의 과정 전체를 담은 흑백 동영상이 인터넷에 여전히 돌아다닌다. 인간이 느끼는 최고의 고통은 몸이 불에 탈 때의 작열통灼熱痛이다. 그러나 스님은 미동도 하지 않은 채 가부좌 그대로 조용히 허물어졌다. 불교를 앞장서서 핍박하던 경찰들마저 절을 올리게 한 결기였다. 심장은 전혀 타지 않았다고 한다.

응오딘지엠吳廷琰:오정염은 남베트남의 초대 대통령이자 독실한 천주교 신자였다. '나의 친인척인가?'와 '가톨릭을 믿는가?'만이 정권의 요직에 등용하는 기준이었다. 틱꽝둑은 인구의 90%를 차지하던 불자들의 공분을 끌어안고 자신을 희생한 것이다. 사건 이후가 더 가관이었다. 응오딘지엠 동생의 아내로 영부인 역할을 수행했던 쩐레수언陳麗春:진여춘은 "휘발유가 국산이 아니었다며? 아무튼 바베큐가 참 잘 타더라"라고 망언했다. 막장을 치닫는 잔혹성에 학을 뗀 미국의 존 F. 케네디 대통령은 쿠데타를 묵인하겠다는 '시그널'을 베트남 군부에 보냈다. 응오딘지엠은 그해 11월 휘하의 장군들에게 살해당했다. 1975년 4월 30일 남베트남의 패망 역시 '부처님의 심판'이었을 수도 있겠다. 물론 미국에게서 받은 무기를 북베트남에 팔아먹을 만큼 부정부패가 이미 심각한 상태였다. 여하간 '나만 생각하며 사는 자'들은 '나를 생각하지 않는 자'를 절대 못 당한다. 무아無我의 힘은 그래서 무시무시하다.

o **물론 있었다… 잘 알려지지 않았을 뿐**

계율의 기본은 불살생이다. 반면 전쟁의 기본은 살생이다. 따라서 붓다는 전쟁을 결코 용인하지 않았다. 심지어 방어적인 전쟁에 대해서도 반대했다. "원한으로는 결코 원한을 갚을 수 없고 오직 용서만이 그 원한을 그칠 수 있으니까(《법구경》)." 독일의 실존주의 철학자 카를 야스퍼스Karl Jaspers는 저서 《위대한 사상가-소크라테스, 석가모니, 공자, 예수》에서 "불교는 종교라는 이름으로 이교도를 탄압하거나 종교재판을 벌이거나 종교전쟁을 일으키지 않은 유일한 종교"라고 추켜세웠다. 미안하지만 아예 없었다고 할 수는 없다. 붓다의 가르침은 위대하지만, 그걸 따르는 인간은 끝내 인간이다.

스리랑카 내전은 세계에서 가장 오래된 내전이다. 인구의 74%를 차지하는 불교계 싱할라족族 정부군과 18%인 힌두교계 타밀족 반군이 1983년부터 싸우고 있다. 현재까지 10만 명 이상의 사망자와 수십만의 부상자, 100만 명 이상의 난민이 발생했다. 암살과 자살 폭탄, 납치와 인간 방패 등 수많은 인권유린 사태가 보고되기도 했다. 일찌감치 기원전 1세기에 인도 아대륙 남부에서 건너온 타밀족에 맞서기 위해 승려들이 종군했다는 기록이 있다. 그들의 무기는 불교의 각종 상징물로 장식됐다. 2,000년도 더 된 반목이니 사실상 공존은 불가능할 것 같다. 다만 종교전쟁이라고 단순하게 규정하기는 애매하다. 스리랑카의 불교는 힌두교를 믿는 대국大國 인도로부터 국가 정체성을 지키기 위한 자구책으로 보인다. 어느 전장戰場이든 배수진이 될 수밖에 없는 섬 사람들 특유의 불안도 작용했을 것이다.

1044년 바간Bagan 왕조가 최초로 미얀마를 통일했다. 버마족이었는데 중국과 인접했기에 대승불교 계열이었다. 바간의 통치자 아나우라타는 인근의 몬족에게 비구와 소승(초기)불교 경전을 보내달라고 했다가 거절당했다. 기어이 몬족을 멸망시키고 그곳의 승려 500명과 팔리어 삼장三藏을 손에 넣었다. 종교전쟁의 본의本義에 걸맞은 침략이었다고 볼 수 있다. 얄궂은 건 오늘날에도 미얀마의 다수민족은 버마족이나, 불교는 남방불교라는 점이다. 굴러온 돌이 박힌 돌을 빼내는 기적을 보여준 셈이다. 미얀마에서는 지금까지도 불교를 믿는 국민들끼리 민족이 다르다는 이유로 내전이 벌어진다. 우리나라의 지역 갈등은 양반인 수준이다.

태국의 아유타야 유적은 유네스코UNESCO가 지정한 세계문화유산이다. 나무넝쿨에 휩싸인 불두佛頭와 모조리 목이 잘린 불상佛像들이 인상적이다. 1767년 같은 불교국인 미얀마가 침공하면서 이 꼴로 만들어놓았다. 하기야 기독교와 이슬람교 간의 처절한 드잡이에 비하면 조족지혈이겠으나, 불교계에도 이렇듯 종교전쟁은 있었다. 세계사의 변방에 있었던 나라들이어서, 그 참상이 널리 알려지지 않았을 따름이다. 또한 군국주의와 손을 잡으면 스님들도 별 수 없이 거칠어졌다. 태평양전쟁 당시 일본에는 가미가제(자살공격)가 '깨달음에 이르는 수행'이라고 말하던 선승들이 존재했다. 이념 갈등도 난제다. 남베트남의 멸망으로 공포감을 느낀 태국의 승려들은 자국의 공산당원들에 대한 처단을 공식적으로 주장했다. 국내에서도 대통령 탄핵 반대 시위에서 '빨갱이는 죽여도 돼'라고 적힌 피켓을 든 스님이 있었다.

붓다는 왕자였다. 엄밀히 말하면 보호국의 왕자였다. 카필라는 강대국 코살라의 영향권 아래 놓인 신세였다. 붓다가 출가를 통해 왕위를 포기하자, 사촌동생이었던 마하나마Mahanama:摩訶男:마하남가 계승했다. 코살라의 군주 파세나디Pasenadi:波斯匿:파사익는 평소 붓다를 존경해마지 않았다. 붓다에 필적하는 아들을 낳고자, 같은 혈통인 석가족 공주를 아내로 달라고 마하나마에게 요구했다. 그러나 핏줄을 더럽히기 싫었던 마하나마는 하녀를 왕족이라 속여서 보냈다. 둘 사이에서 비루다카Virudhaka:毘流離:비유리가 태어났다. 훗날 장성해 외가를 방문한 비루다카는 카필라 백성들이 자신을 향해 '종년의 자식'이라고 키득거리는 소리를 들었다. 인류의 스승 버금가던 총명과 무예는 '출생의 비밀' 앞에서 그 크기 그대로 분노와 폭력이 됐다.

아버지를 유폐시킨 비루다카는 대군을 몰고 카필라로 쳐들어왔다. 소식을 들은 붓다는 마른 나무 아래 앉아 정벌군의 길목을 막아 세웠다. "친족이 없는 것은 땡볕 아래 서 있는 것과 같다." 두 번까지는 군사를 물릴 수 있었으나 세 번째 침략은 막지 못했다. "전생의 업보는 하늘로도 옮길 수가 없구나!" 전력의 절대적 열세를 알았던 마하나마는 촉이 없는 화살을 쏴서 전투

의지가 없음을 알렸다. 이는 외려 비루다카의 광기를 북돋웠다. 자신을 비웃은 자들을 혼신의 힘을 다해 유린하고 발가벗기고 짓이겼다. 포로로 붙잡힌 마하나마는 "내가 연못 안에서 숨을 참고 있을 동안만은 살육을 멈춰달라"고 애원했다. 그는 물속에서 한참을 버텼다. 나무뿌리에 자신의 머리를 묶고 시체가 떠오르지 못하게 한 것이다. 종족이 몰살당했다는 소식을 듣고 붓다는 심한 두통을 느꼈다. 이마에 물을 뿌리자 마치 불에 달군 쇳덩이를 식힐 때 나는 소리가 났다.

쩐레수언은 어릴 적 친오빠들이 공산주의자들에게 잔인하게 살해당하는 걸 본 뒤에 극렬한 반공주의자가 되었다. 붓다의 철저한 반전주의는 악몽 같은 경험의 산물이다. 순혈주의와 거짓말, 모멸감과 복수심이라는 인간의 편협한 사고가 무참한 도륙으로 번지는 걸 목격해서다. 더구나 비루다카는 카필라를 함락시킨 지 일주일 만에 벼락을 맞아 죽었다. 그의 황망한 말로에서 보듯 아무도 승자는 없었던 것이다. 게다가 평범한 장삼이사들의 앙심이야 고작 상대방의 코피나 내는 선에서 그친다. 하지만 지배 계급의 증오는 한 나라를 거덜 낼 수 있다. 그래서 '다자탑전분반좌'의 일화는 진정한 사회 통합의 방법에 대한 화두이기도 하다. 약자의 저항에 의한 정의 구현은 시간도 오래 걸리

고 희생도 많이 치러야 한다. 반면 강자가 한번만 양보하면? 그
자리에서 해결된다. 그러나 솔직히 오늘날의 다원주의 사회에
선 누가 강자이고 약자인지도 불분명하다. 끝까지 우기고 땡깡
부릴 수 있는 쪽이 갑甲인 것도 같다.

○ 화해하라 그리고 경청하라

아소카Asoka the Great는 마우리아Maurya 왕조의 3대 왕이자 인도를
처음으로 통일한 대왕이다(재위 기원전 273~232). 한자어로는
아육왕阿育王. 용기로 포장된 자신의 살기가 저지른 정복의 참상
을 뉘우치고 불교에 귀의했다. 기원전 260년 통치 이념으로 불
살생과 채식을 채택하고 사면을 장려했다. 인류사에서 가장 먼
저 종교 화합을 외친 인물로도 평가된다. 붓다의 발자취가 서린
성지 곳곳에 세운 석주石柱에는 이런 글귀가 있다. "누구나 자신
의 종교만을 숭상하고 다른 종교를 저주해서는 안 된다. 자신의
종교를 포교하면서 다른 종교에도 봉사해야 한다. 자신의 종교
에만 집착하게 되면 그 자신의 종교를 결국엔 해치고 마는 법이
다. 화해하라. 그리고 경청하라." 아소카는 아마도 붓다의 후신
後身이거나 참회한 비루다카의 후신일 것이다. 아쉽게도 인도의

드넓은 평화와 화합은 그가 살아 있을 때뿐이었다.

2011년 8월 23일 조계종 화쟁위원회는 종교평화선언 초안을 발표했다. '21세기 아소카 선언'이라는 부제가 달렸다. "전법은 다른 종교인을 개종시키는 데 그 목적이 있는 것이 아니며 사람들의 행복과 안녕을 실현하는 데 궁극적인 목적이 있다" "자신의 믿음을 전하기 위해 공적 지위나 권력을 사용해서는 안된다" "내 종교의 관점과 언어로 이웃 종교를 판단하지 않고 그들의 입장과 언어로 그들의 종교를 이해하겠다" 등의 구절이 담겼다. 하지만 '우리 스스로 불교를 버리겠다는 것이냐' '기독교의 밥이 되겠다고 자청하는 것이냐'는 비판이 교단 곳곳에서 제기되자 머지않아 백지화됐다. 지구에 두 개 이상의 종교가 있는 한, 사람의 마음속에 독선이 있는 한, 우리는 끝까지 싸워야 할 것 같다.

25

다만 생식기가
다르게 생겼을 뿐

#붓다는 왜 여성의 출가를 허락했을까?

경기도 김포에 위치한 중앙승가대학교는 스님들만 다니는 대학교다. 교육부가 인가한 4년제 정규 대학으로 조계종이 운영하는 승려 교육 기관이다. 고질적인 청년 실업의 시대에 한번은 9시 뉴스에서 "취업률이 100%"라며 추켜세워지기도 했다. '스님'을 직업으로 본 데 따른 해프닝이다. 2004년 7월 여기서 세계여성불자대회가 열렸다. 지구촌 각지에서 불교를 공부하다가 온 여자들은 우리나라의 비구니 승가에 격찬을 보냈다. 고즈넉한 산사를 기반으로 한 교육 체계와 수행 환경을 무척이나 부러워했다. 그야말로 또 다른 한류韓流였다. 특히 동남아시아 손님들이 혀를 내둘렀다. 아예 스님으로 인정받지 못하거나, 설령 비구니계를 받는다 해도 비구의 수발을 드는 하녀쯤으로 치부되는 게 그들의 현실이었기 때문이다. 상좌부불교는 공식적으로 비구니제도를 인정하지 않는다.

o 강간의 위험에 처한 여자들을 보호하다

최초의 비구니는 붓다의 이모이자 의붓어머니였던 마하파자파티Mahapajapati:摩訶婆斯婆提:마하파사파제다. 의역으로는 대애도大愛道. 마야 부인이 붓다를 낳은 지 일주일 만에 죽자 대신 길렀다. 붓다의 부친인 정반왕이 숨을 거두고 얼마 지나지 않아 그녀는 붓다를 찾아왔다. 여성들의 출가를 허락해 달라고 간청하기 위한 내방이었다. 그때마다 붓다는 거부했다. 여자는 남자의 완전한 부속품이었던 시절이다. 결국 붓다의 아내였던 야소다라를 비롯해 붓다의 동족인 석가족 여인 500명이 같이 와서 빌었다. 이들은 문밖에서 떼 지어 서서 빌었고, 맨발로 와서 울면서 빌었다. 절절한 청원을 깨달음에 대한 갈구 또는 승가에 대한 동경심만으로 해석하기는 어려운 노릇이다. 코살라의 왕 비루다카가 대군을 몰고 와 카필라를 함락하기 직전이었다. 적군의 여자들을 마구잡이로 임신시켜 핏줄을 더럽히고 개인적으로는 학살의 쾌감을 더하는 게 과거 전쟁의 특징이다. 참혹한 강간이 기다리고 있었기에 아녀자들은 울부짖었던 것이다.

양모養母에 대한 고마움과 미안함도 작용했을 것이다. 무엇보다 두려움에 떨며 오열하는 여자들을 외면하는 건 마음 약한 붓다로서는 불가능했다. 기어이 이들을 교단의 일원으로 받아들였다. 출세간으로 격리시킴으로써 무자비한 성폭력으로부터 지켜낼 수 있었을 것이다. 비구니 승가의 탄생. 무엇보다 지금이야 여성의 출가는 상식이지만 당시만 해도 혁명이었다. 종교 행위는 최상위의 남성(브라흐만)에게만 허용되는 특권이었다.

지역적 특성을 따지면 더 대단하게 느껴진다. 오늘날까지도 인도는 매달 70~80건(인도 국가여성위원회 추정) 매년 1만 건(인도 여성인권단체 추정)의 성폭행이 일어나는 나라다. 여성을 '짐' 혹은 소모품으로 여기는 관행도 만연해 있다. 딸이 결혼할 때 평생 번 돈의 60%를 시댁에 지참금으로 지불해야 한다는 전언이다. 그러나 붓다에게 여자는 그저 인간이었다. 최측근이었던 아난이 "여자도 남자와 같이 수행의 효과를 얻을 수 있느냐"고 묻자 "그럼!"이라고 답했다. 다만 생식기가 다르게 생겼을 뿐이다.

출가해서 계戒를 받고 수행하는 남성 승려 비구比됴는 팔리어 비
쿠bhikkhu의 음역이다. 산스크리트로는 비크슈bhiksu. 의미로 번
역하면 음식을 빌어먹는 걸사乞士라는 뜻이다. 여성 승려 비구니
bhikkhuni는 걸사녀乞士女. 붓다의 10대 제자들은 모두 비구들이었
다. 그러나 이들에 견줄 만한 비구니도 많았다. 케마Khema는 붓
다에게 죽림정사를 지어 바친 빔비사라왕의 아름다운 왕비였
는데 지혜제일로 이름을 날렸다. 담마딘나Dhammadinna는 설법을
가장 잘 했던 '여자 부루나'였고 키사고타미Kisagotamai는 마하가
섭에 비견될 만큼 두타행이 뛰어났다. 사쿨라Sakula는 육안으로
볼 수 없는 것을 볼 줄 아는 천안통天眼通을 지녔고, 밧다 카필라
니Bhadda Kapilani는 전생을 꿰뚫어보는 숙명통宿命通을 지녔다.《장
로니게경長老尼偈經》은 아라한과果를 얻은 여성 출가자들의 게송
500여 수가 수록된 경전이다. 이 책에는 60여 명의 비구니가
등장한다.

출가를 택한 여인들의 사연은 다채롭고 또한 뼈저리다. 세속
이 싫었던 데다 부모가 골라준 신랑도 싫었던 왕녀王女 수메다
Sumeda는 결혼식 직전에 도망쳤다. 뭇타Mutta는 남편의 폭력을 견
디다 못해 출가했다. 소나Sona는 다 늙어서 출가했는데, 전 재산

을 넘겨주자마자 박대하는 자식들에게 충격을 받았기 때문이다. 파타차라Patacara는 불교사에서 가장 기구한 운명의 소유자 가운데 하나이겠다. 큰아들은 강물에 휩쓸려가고 작은아들은 독수리가 채가고 남편은 독사에게 물려죽는 장면을 목격했다. 붓다는 미쳐버린 그녀에게 "죽음이 닥쳐올 때 그 누구도 지켜줄 수 없다"고 위로하며 제정신을 되찾아줬다. 키사고타미의 출가 일화는 제법 유명하다. 어려서 죽은 외동아들을 회생시켜보겠다고 백방으로 약을 구하러 다니다가 붓다를 만났다. 붓다는 "이제까지 아무도 죽은 사람이 없는 집을 찾아 거기서 겨자씨를 구해오면 아들을 살려주겠다"고 제안했다. 물론 겨자씨는 얻지 못했다. 대신 그녀는 운명애運命愛를 얻었다.

○ 남녀차별이지만 남자의 의무도 강조

'어느 날 임금과 신하들이 친남매를 외딴 섬에 가두면 어떻게 될까를 두고 내기를 걸었다. 혈연관계를 유지하리라는 쪽에 유일하게 판돈을 건 장張 승상丞相의 자녀가 실험 대상으로 지목됐다. 얼마 지나지 않아 오누이 사이엔 아이가 생겼고 장 승상은 자결했다. 왕은 천륜의 중요성을 강조하기 위해 그의 모습을

돌이나 나무로 만들어 전국에 세웠다.' 장승의 기원에 관한 일
설인데 붓다가 들었으면 무릎을 쳤을 법한 이야기다. 사실 당신
은 "여성 출가자를 받아주는 바람에 1,000년은 갔을 정법正法이
500년밖에 가지 못할 것"이라며 후회하기도 했다. 수행자의 순
결이 오염되리란 걱정이었다. '남녀칠세부동석男女七歲不同席'이란
금기는, 사람이 일곱 살만 되어도 이성에게 욕정을 품을 수 있
다는 이치를 돌려서 말해준다.

  1.출가해서 100년의 경력을 가진 비구니라도 바로 그날 계를
받은 비구에게 먼저 인사해야 한다. 2.비구니는 비구가 없는 곳
에서 안거安居를 해서는 안 된다. 3.비구니는 한 달에 두 번씩 비
구 승단을 찾아가 계율을 점검받고 법문을 들어야 한다(포살布
薩). 4.비구니는 안거가 끝나면 남녀 양쪽의 승단에 순결을 지켰
다는 증거를 제시해야 한다. 5.비구니가 중죄를 저지르면 남녀
양쪽의 승단으로부터 별거돼야 한다. 6.예비승인 사미니는 정
식 스님인 비구니가 되기 2년 전에 성교 및 임신 여부를 판가름
하는 별도의 의식을 치러야 한다(식차마나니式叉摩那尼). 7.비구니
는 어떠한 경우에도 비구를 욕하거나 비난해서는 안 된다. 8.비
구니는 비구의 허물을 꾸짖을 수 없지만 비구는 비구니의 허물
을 꾸짖을 수 있다. '비구니 팔경계八警戒'는 승단 내의 대표적인

남녀차별 조항으로 이제껏 안팎에서 손가락질을 당한다. 다만 단순한 차별이 아니라 세심한 보호의 취지였음은 두 번째와 세 번째 조목에서 확인된다. 비구들은 비구니들이 안전하게 잘 살고 있는지 정기적으로 들여다보라는 배려가 깔려 있다.

○ 한국의 비구니 승가가 세계 최강

종교, 민족, 남녀 등 모든 차별의 금지를 선언한 아소카 대왕이 죽으면서 태평성대도 종료됐다. 비구니 승가도 이때부터 급격하게 쇠퇴했다는 전언이다. 전통적 브라만교가 부흥하면서 여성에 대한 폄훼도 다시 기승을 부렸다. 불교가 인도에서 소멸한 시기는 대략 15세기로 파악하는데 비구니 교단은 그보다 훨씬 앞선 9세기에 사라졌다. 한국, 중국, 일본, 대만, 베트남 등 대승불교권은 그래도 호의적이어서 비구니를 인정한다. 그중의 압권은 대한민국 비구니 승가다. 전체 비구의 숫자와 비등비등하다. 2017년 9월 12일 현재 조계종의 비구는 6,063명, 비구니는 5,547명이다. 전국 비구니 강원講院의 노스님들을 만나면, 여성 특유의 근성과 단합으로 절을 지키고 일으켰던 피눈물의 역사를 들을 수 있다.

하지만 우리나라도 예전 같지 않다. 외환 위기가 닥쳤던 1997년에 조계종으로 출가한 여성은 183명이었다. 정확히 20년이 지난 올해는 거의 반토막이 났다. 남성 출가자도 줄어들긴 마찬가지이나 낙차가 너무 크다. 세속의 변화가 출세간의 변화를 불러왔다는 게 다수의 판단이다. 결혼이 필수가 아닌 선택이된 시대다. 여자 혼자 벌어도 충분히 먹고살 수 있는 데다가 주변에서 뭐라 하지도 않는다. 강간범에 대한 처벌도 옛날에 비하면 훨씬 무거워졌다. 팔경계에 발목 잡히고 사느니, 그냥 동네에 있는 명상 센터에서 수련이나 하겠다는 목소리도 많다. 피붙이일수록 원수가 되기 쉽고 사람 사는 곳에 어디든 허물이 없겠냐마는… 남들 아픈 꼴을 그냥은 못 지나치는 비구니 스님들이 있어 세상은 간신히 정답다.

26

'슬기롭고 자비롭게 살라'는 말은,
우리 아버지만 할 수 있는 말은 아니다

#불교가 세계를 지배할 수 있을까?

유럽에도 불교 국가가 있다. 러시아 연방에 소속된 칼미키야 Kalmýkia 공화국. 카스피해 연안에 위치했으며 인구는 100만 명 남짓이다. 국기에는 불교의 상징인 연꽃이 그려졌다. 칼미키야 족은 티베트불교 계열인 몽골과 위구르 지역에서 이주해왔다. 국민 대다수가 불자이며 수도 엘리스타에 유럽 최대의 불교 사원이 있다. 이명박 정권 시절 자원 외교와 관련해 우리나라와 반짝 가까웠다. 2009년 8월 그쪽 국회의원이 조계종 총무원장 스님을 예방하기도 했다. 그녀는 "초·중·고등학교에서 불교를 정규 과목으로 가르친다"고 말했다.

○ 유럽 최초의 불서는 《인도불교사개론》

사실 유럽의 중심에도 불교가 제법 번져 있다. 19세기 제국주의 시절 열강들은 아시아를 식민지로 삼으면서 불교와 만났다. 서양인이 쓴 최초의 불서는 프랑스의 유진 뷔르누프Eugène Burnouf가 1844년 출판한 《인도불교사개론L'Introduction a l'histoire du buddhisme indien》으로 알려져 있다. 산스크리트와 티베트어에 능통했던 뷔르누프는 유럽인들이 듣도 보도 못했던 400권의 불교 원전들을 읽고는 600페이지 분량의 저술을 쏟아냈다. 그리고 세계 사상사에 이름을 남긴 철학자들이 이 책에 열광했다. 당시는 신학神學의 위상이 몹시 흔들리던 회의懷疑의 시대였다.

염세주의의 대부였던 아르투르 쇼펜하우어Arthur Schopenhauer는 "불교가 다른 종교보다 탁월하다는 점을 인정하지 않을 수 없다"며 유대-기독교 전통을 비판했다. 불교의 열반nirvana이 자신의 철학적 지향이라고 밝히기도 했다. 그의 대표작인 《의지와 표상으로서의 세계》는 불교 유식론唯識論의 아류라는 지적도 있다. "신은 죽었다"는 명언을 남긴 프리드리히 니체Friedrich Nietzsche

역시 "불교야말로 유일하게 진정으로 실증적인 종교이며, 미래의 종교가 될 것"이라고 극찬했다. 저서 《반反기독교도》에서는 "유럽적 불교가 필요 불가결하게 될 것"이며 특유의 자존감으로 "나 자신이 유럽의 부처가 될 수 있을 것"이라고 선언했다.

오리엔탈리즘Orientalism은 동양에 대한 서양의 편견과 왜곡을 비판하는 개념이다. 1881년 영국 웨일즈의 동양학자 라이스 데이비스Rhys Davids, 1843~1922는 아내 캐롤라인Caroline과 함께 팔리어 경전학회Pali Text Society, PTS를 설립했다. 학회는 붓다가 사용하던 언어인 팔리어로 쓰인 초기불교 경전의 번역에 착수했다. 데이비스가 죽기까지 무려 94권 2만 6,000페이지의 방대한 역서가 세상에 나왔다. 이 작업은 현재진행형이다. 불교에 힘입어 서양의 동양에 대한 흥미는 차츰 선망으로 바뀌었다. 무엇보다 신神을 설정하지 않고도, 세계의 이치를 명확하게 설명했고 신에 필적하는 인격을 보여줬기 때문이다. "붓다, 과학적 종교를 처음으로 예견한 자(에드윈 아놀드Edwin Arnold,1832~1904)."

o 유럽 최대의 불교 국가는 프랑스

네팔 룸비니동산에는 붓다의 탄생을 기념해 세계 각국이 절을 지어놓은 국제사원구역이 존재한다. 한국, 일본, 미얀마, 태국, 라오스, 스리랑카의 사찰과 함께, 여기에 프랑스와 독일 사찰이 있다. 틱낫한은 베트남 출신이며 프랑스 보르도에 있는 플럼빌리지를 기반으로 세계적인 명성을 쌓았다. 19세기 후반부터 20세기 중반까지 인도차이나반도를 지배했던 프랑스는 유럽 최대의 불교 국가다. 각종 사찰과 단체에 등록된 신도만 40만 명이며 참선 센터에 다니거나 혼자 집에서 수행하는 국민들까지 포함하면 그 10배를 헤아린다. 유럽불교연합European Buddhist Union, EBU의 사무국도 프랑스에 있다. 1979년 파리에서 제1회 유럽불교도대회가 열렸다.

영국은 전체 인구 6,300여 만 명 가운데 0.4%인 24만 명이 공식적으로 불교를 믿는다. 영국불교를 대표하는 기관은 1924년에 설립된 영국불교협회British Buddhism Society다. 수도인 런던에 위치했으며 전국에 300여 개의 분소를 뒀다. 분소에는 선방과 도서실이 들어가 있다. 독일은 전체 인구의 0.3%인 25만 명이 불자. 영국의 PTS와 유사한 '독일 팔리회Deutsche Pali-Gesellschaft'가 1909년에 만들어졌다. 파울 달케Paul Dahlke, 1865-1928는 1924년 베를린에 유럽 최초의 절인 '불교의 집Buddhistisches Haus'을 건립했다. 프랑스, 영국, 독일은 자체적인 철학적 전통을 지닌 '정신적'

선진국이기도 하다. 도인이 도인을 알아보는 법이다.

o 중동에도 불자들이 많다

2010년에 작성된 위키피디아 자료에 근거해 불교 인구가 많은 국가를 순서대로 나열하면 다음과 같다. 1위 중국 2억 4,413만 명, 2위 태국 6,442만 명, 3위 일본 4,582만 명, 4위 미얀마 3,841만 명, 5위 스리랑카 1,445만 명, 6위 베트남 1,438만 명, 7위 캄보디아 1,369만 명, 8위 대한민국 1,105만 명, 9위 인도 925만 명, 10위 말레이시아 501만 명. 전부 아시아 국가다. 인구 대비 불자 비율은 캄보디아(96.9%), 태국(93.2%), 미얀마(87.9%), 부탄(74.7%), 스리랑카(70.2%), 일본(67%), 라오스(66%), 몽골(55.1%) 순이다.

눈에 띄는 것은 온통 무슬림으로만 채워졌을 것 같은 중동의 국가에 불교를 믿는 국민들이 의외로 상당하다는 점이다. 카타르 3.1%, 바레인 2.5%, 아랍에미리트 2%. 석유를 토대로 막대한 부를 벌어들인 나라라는 게 공통점이다. 그만큼 아시아에서 건너온 외국인 투자자들이 많다는 것을 시사한다.

가장 놀라운 것은 초강대국 미국 내 불교의 약진이다. 총인구 3억 1,666만 8,567만 명 가운데 1.2%인 380만 명이 불자다. 아침에는 좌선을 하고 밤에는 불서를 읽으며 개인적으로 수행을 즐기는 '나이트 스탠드nights stand'까지 합하면 3,000만 명에 이른다는 주장도 있다. 세계에서 절이 가장 많은 도시를 묻는다면 아시아의 어느 곳이겠거니 짐작하기 쉽지만, 뜻밖으로 로스앤젤레스LA다. 300여 개의 사찰과 75개의 불교 협회, 2,500여 개의 명상 센터가 있다.

미국의 불교는 아시아 이민자들에 의해 유입됐다. 이후 일본의 선사 스즈키 다이세쓰(1870~1966)의 미주美洲 순회설법과 달라이라마 열풍 등에 힘입어 완전히 자리를 잡았다. '세계 4대 생불生佛'로 불렸던 해외 포교의 선구자 숭산 스님(1927~2004)의 기여도 컸다. 한편 대다수의 수행단체엔 지도법사 스님이 존재하지 않는다. 프래그머티즘Pragmatism. 미국인들만의 실용적인 사고가 불교에도 배어들었다. 그들의 불교는 '부처님'을 신봉하지 않으며, 명상과 채식을 통한 자기 혁명을 꾀한다.

중국의 불자 인구 통계는 고무줄이다. 최소 1억 명에서 최대 12억 명까지 중구난방이다(위키피디아). 중국불교협회는 국가의 대대적인 지원을 받아 2006년부터 3년 주기로 세계불교포럼을 거행하고 있다. 정부가 미국의 기독교 패권주의에 맞서 사회 통합과 국가 정체성 강화 차원에서 불교를 대항마로 띄우고 있는 건 분명한 사실이다. 그래서 10년간의 문화대혁명 동안 절멸됐던 불교가 되살아나고 있다. 2015년에는 직장까지 그만두고 출가하는 등 젊은 층을 중심으로 급속하게 늘어나는 중국의 불교 신자에 관한 뉴스가 뜨기도 했다. 아울러 같은 해 갤럽의 조사에서는 국민의 61%가 확고한 무신론자라고 밝혔다. 무신론자가 종교를 갖는다면 무조건 불교일 확률이 높다. 반면 도올 김용옥은 "중국불교가 놀랍도록 발전했다고는 하나 성대하고 요란한 불사로 대형 교회를 벤치마킹한 것에 불과하다"며 저평가했다. 여하튼 통계의 최대치를 적용할 경우 세계 1위의 종교는 불교다 (불교 15억 명, 가톨릭 13억 명, 이슬람 12억 명, 개신교 7억 명).

o **3,000만 명을 헤아리는 미국의 불자**

'신에 의해 구원받는 것이 아니라 인간이 스스로를 구원한다'는 선禪의 정신은 색목인色目人들의 심안心眼을 깨웠다. 불교가 21세기 인류의 정신적 대안이 되리란 식자들의 예언이 많다. "불교가 서양에 전파된 것은 20세기에 일어난 가장 중요한 사건"이라는 역사학자 아놀드 토인비의 주장은 불교계에서 전가의 보도처럼 쓰인다. 반면 2060년 이후엔 이슬람교가 기독교를 제치고 세계 최대의 종교가 될 것이란 전망도 보인다. 아랍어 이슬람_{Islam}의 의미는, '복종'이다. 종교의 생명력은 '얼마나 독한 원리주의를 가졌는가'로 판가름 나는 것일 수도 있겠다. 어지간하면 기존의 체제를 포용하거나 사이좋게 섞이고, 변변한 종교전쟁 이력도 드문 불교다. 사정이 이러하니 성질 드센 유일신교들 사이에서 1등은커녕 살아남을 수 있을지도 의문이다.

이런 와중에 무無종교 시대가 오고 있다. 미국의 퓨_{Pew} 조사센터에서 발표한 2014년도 '종교 지형도 조사'에서는 미국 전체 인구 가운데 특정 종교에 속하지 않은 무종교인은 22.8%인 것으로 집계됐다. 2007년도 조사 당시 16.1%에 비해 6.7% 증가한 수치다. 영국도 2014년 조사 결과 기독교인이 43.8%로 무종교인 48.5%에 뒤지는 것으로 나타났다. 한국은 무종교인이 과반수를 넘어섰다(통계청 2005년 47.1% → 2015년 56.1%). 무신론자 동아리인 'Freethinkers(자유사상가들)'가 전국 대학에서 창립되는 상황이다.

물론 알파고의 시대다. 인공지능의 무궁무진한 가능성에서, 신이 인간을 창조한 것이 아니라 인간이 신을 창조했다는 사실이 조금씩 입증되고 있다. 또한 현대인이 지닌 합리성이나 과학 문명과 공존할 수 있는 유일의 종교가 불교라는 점에서, 무종교 시대가 비관적이지만은 않다. 아팠던 만큼 성숙하고 생각한 만큼 성장하는 법이다. 제힘으로 지혜를 일으켜自燈明:자등명 진리와 일치된 삶을 영위할 수 있다면法燈明:법등명, 법복을 입지 않고 단주를 차지 않았더라도 불자일 게다. '슬기롭고 자비롭게 살라'는 말은, 우리 아버지만 할 수 있는 말은 아니다.

27

출가하겠다고 우기지만 않으면,
그다지 신경 쓰지 않았다

#동성애에 대한 부처님의 생각은?

제33·34대 조계종 총무원장 자승 스님은 2017년 신년기자회견에서 '차별금지법'의 제정을 역설했다. "모든 국민은 법 앞에 평등하다. 누구든지 성별, 종교 또는 사회적 신분에 의해 정치적 경제적, 사회적, 문화적 생활의 모든 영역에 있어 차별받지 아니한다"는 헌법 제11조 1항의 구체화를 정부와 국회에 요청한 것이다. 가장 반긴 부류 가운데 하나가 동성애자들이었다. 《불교신문》은 그즈음 "그동안 차별금지법이 마치 동성애를 조장하는 법, 성소수자만을 위한 법으로 비춰졌는데 이번 기회를 계기

로 이 같은 오해가 풀리길 바란다"는 관련단체 간부의 논평을
실었다. 다만 이들을 불구대천의 광인표人으로 여기는 사람들도
적지 않아 법제화는 여전히 난항이다. 다수의 교회가 싫어한다.
어느 나라이든 우파는 그냥 내버려두기보다는 가르치려 드는
편이다. 하기야 그냥 바로잡으면 될 걸 냅다 부숴버리자는 좌파
도 논리가 궁색하기는 도긴개긴이다.

○ 조계종, 종교계 최초로 성소수자 연구 보고서 발간

성性 소수자들은 일반인들과는 다르게 성을 표현하고 향유하는
이들이다. 이즈막엔 흔히 'LGBT'라고 부른다. 레즈비언Lesbian,
여성 동성애자, 게이Gay, 남성 동성애자, 바이섹슈얼Bisexual, 양성애자, 트랜
스젠더Transgender, 성전환자의 총칭이다. '게이'는 '즐거운' 또는 '행
복한'이라는 1차적 어의를 지녔다. 1960년대 스스로에 대한 인
권 신장 운동을 벌이던 서구의 남성 동성애자들이 자존감을 북
돋우기 위해 도입했다. '레즈비언'이라는 단어는 고대 그리스의
여류시인 사포Sappo에서 유래했다. 기원전 650년 경 '레스보스'
섬에 살던 여인들은 시와 음악에 능한 그녀를 스승으로 받들며
흠모했다. 성 소수자 전체를 통틀어서 '색다르다'는 뜻의 '퀴어

Queer'라고도 한다. 동성同性과 결혼해 화제가 됐던 어느 영화감독은 《불교신문》과의 인터뷰에서 "성 소수자는 결코 성적으로 문란하지도 않으며 성에만 탐닉하지도 않는다"고 목소리를 높였다. 이를 전제하면, 우리가 가끔 질펀하게 놀 때 그들도 그러는 것이다. 다만 조금 색다르게.

2012년 동성애에 대한 관용의 수준을 묻는 조사에서 우리나라는 OECD 회원 32개국 가운데 31위를 기록했다. 하지만 동시에 동성애에 대한 인식이 급속하게 따뜻해지고 있는 나라다. 〈유엔미래보고서 2045〉는 "2030년 한국이 동성 간 결혼을 합법화할 것"이라고 내다봤다. 조계종 불교사회연구소는 2016년 4월 종교계 최초로 성 소수자를 주제로 한 연구 보고서를 내놓았다. 책에는 "한국불교계도 성소수자에 대한 경전 연구와 더불어 인권적 차원에서 접근하여 이들의 특수성을 이해하고 책임 있는 대답을 내놓을 때가 되었다"는 발언도 담겼다. 타인에 대한 예의의 기본은 차별하지 않는 것이다. 그가 무슨 일을 하든 어떻게 생겨먹었든.

그러나 세계불교 최고의 현자賢者라는 달라이라마조차 '피해가는' 느낌이다. 1997년 6월 트랜스젠더들이 많이 거주하는 미국 샌프란시스코를 방문했던 그는 동성애에 관한 의견을 달라는 기자들의 질문을 받았다. 이에 "불교적 관점에서 남자와 남자, 여자와 여자 사이의 성관계는 사음邪淫에 해당한다"면서도 "사회적 관점에서는 상호 합의에 의한 동성 관계는 서로에게 유익하고 기쁘며 아무런 해악이 없는 것일 수 있다"고 말했다. 죄이면서 죄가 아니라는, 상당히 애매하고 다분히 외교적인 답변이다. 물론 남색男色을 성경에 명백한 죄악으로 규정한 기독교("개 같은 자!"〈신명기〉 23장 17~18절) 또는 문명사회라는 오늘날까지도 적발되면 곧장 처형하는 몇몇 이슬람교 국가에 비하면 훨씬 온건하다.

o 불알이 없는 남자 혹은 '찌질이'

승가 최초의 법률에 해당하는 율장律藏에는 '판다카pandaka'라는 개념이 등장한다. '불알(고환)이 없는 남자'라는 뜻으로 성 소수자를 암시한다. 붓다는 판다카를 교단의 일원으로 받아들이지 않았다. 어느 판다카가 젊은 비구와 어수룩한 행자들과 코끼리 조련사 등에게 접근해 자신을 '더럽혀 달라'고 요구했기 때문이다. 상식적으로, 볼썽사납다. 붓다가 보기에 그들은 "사내가 아니며 해갈되지 않는 욕정으로 가득한 자들"이었다. 아울러 이

미 출가한 신분이었어도, 판다카임을 들킨 비구들에게는 퇴속退
俗을 다그쳤다. 당신이 동성애자를 혐오했다고 유추할 수 있는
대목이다. 이와 함께 붓다는 황문黃門에 대해서도 출가를 불허했
다. 성적 불구자를 뜻하며 환관宦官의 다른 말이다. 고자라 해도
좋다.

판타카는 시쳇말로 변태들인데 여러 종류가 있었다. ▲ 물을
뽑아내는 변태udakasitta-pandaka, 다른 남자의 성기를 입으로 빨아 사정에 이르
게 함으로써 자신의 욕망을 해소하는 자 ▲ 질투하는 변태usuyya-pandaka, 다른
남녀가 성행위를 하는 것을 지켜보다가 질투심을 일으킴으로써 자신의 욕망을 해소하는 자,
곧 관음증 환자 ▲ 수단을 사용하는 변태opakkamika-pandaka, 특별한 수단
을 사용함으로써 몸에서 정액이 분출되도록 하는 자 ▲ 2주 동안만 다른 변태
pakkha-pandaka, 과거에 쌓은 업보 때문에 한 달 가운데 보름 동안만 변태가 되는 자
▲ 남성이 아닌 변태napumsaka-pandaka, 잉태되는 순간부터 남성성이 결여된 자.
《청정도론淸淨道論》을 저술한 5세기의 사상가 붓다고사Buddhaghosa
의 분류다. 그는 "허약하거나 소심하고 우유부단한 사람들을 가
리키는 비유적인 어법의 단어로 판타카를 이해해야 한다"고도
했다. 속칭 '찌질이.'

○ 성적性的 특성이 아닌 성적 문란을 문제 삼은 붓다

물론 붓다는 한국 사회의 웬만한 남성들처럼 일반적인 '호모 포비아'는 아니었다. 《불교윤리학 입문》의 저자 피터 하비Peter Harvey는 "초기불교 경전에 따르면 사람의 성性은 삶을 윤회하는 동안 바뀔 수 있으며, 심지어 한 생애를 살아가는 동안에도 바뀔 수 있는 것으로 본다"라고 설명했다. 율장의 또 다른 부분에는 여성의 성징性徵을 갖게 된 비구와 남성의 성징을 갖게 된 비구니가 나온다. 말 그대로 게이와 레즈비언인데, 붓다는 이들 모두를 인정한다. "과거에 비구였던 비구니는 비구니의 계율을 따르고, 과거에 비구니였던 비구는 비구의 계율을 따르라"는 명쾌한 정리와 함께.

다만 '양성애'에 대해서는 비난을 퍼부었다. 《나선비구경那先 比丘經》은 남녀의 생식기를 함께 가진 이들을 장애인으로 취급하면서 아무리 수행해도 결코 깨달을 수 없다고 저주했다. 7세기에 찬술된 《대승조상공덕경大乘造像功德經》은 내생에 '남녀추니'로 태어나게 할 죄업을 4가지로 보았다. ▲존경해야 할 곳을 더럽힐 경우 ▲다른 남자의 몸을 탐하였을 경우 ▲자기 자신의 몸으로 욕정의 행위를 했을 경우 ▲여자로 가장하여 다른 남자들에게 자신을 노출시키거나 매춘한 경우. 중요한 것은 여기서도 성적인 특성이 아니라 행실을 중시한다는 점이다. 비역질이나 계집질이나 똑같이 탐욕스럽다.

엄밀히 말하면 붓다는 판다카의 성 정체성이 아니라 반사회적인 행위를 문제 삼은 것이다. 이성 간이든 동성 간이든, 출가자들의 성행위 자체를 금지했다. 오계 가운데 하나로 불사음不邪淫을 지정한 이유는 매우 간단하다. 아무개들처럼 성욕을 참지 못하고 아무 데서나 아무렇게나 해소하는 자가 어찌 누구를 가르치고 누구의 모범이 될 수 있단 말인가. 여느 종교와 달리 불교는 신이 아닌 인간을 귀의의 대상으로 삼는다. 그러므로 대중의 공양을 받는 승보僧寶 곧 출가자들은 누구보다 건전하고 멀쩡한 인간이어야 했다. 궁극적으로 성性으로부터의 단절과 초월에서 비로소 시작되는 게 성聖이다.

동성애가 발생하는 원인은 아직까지 완벽하게 밝혀지지 않았다. 사실, 그건 이성애도 마찬가지다. 미녀 아내를 두고 '흔녀'와 바람이 나는 게 남자이며, 미녀가 뜬금없이 야수를 택하기도 한다. 어쨌건 간에, 동성애는 벌어진 현실이다. 본래부처. '모든 살아 있는 것은 존중받아야 한다'는 것이 불교 교리의 바탕이다. '다르다고 해서 틀린 것은 아니다'라는 이즈막의 관용어 역시 적절한 해법이 될 것이다. 불편하다고 해서 부정할 순 없는 노릇이다. 결론적으로 동성애에 대한 불교의 입장은 중립적이다. 승가 공동체의 존속과 안녕을 기준으로만 악성惡性을 따졌을 뿐이다. 출가하겠다고 우기지만 않으면, 그다지 신경 쓰지 않았다.

28

죽더라도
깨닫고 나서 죽으라는 거다

#부처님이 안락사를 허용했다고?

.

사람을 잘 낳지 않고 사람이 잘 죽지도 않는 시대다. 장수長壽가
축복인지는 아무래도 의문스럽다. 만 65세 이상 인구 2명 가운
데 1명은 절대적 빈곤에 시달린다. 500원 짜리 동전 하나를 받
기 위해 이른 아침부터 성당에 줄지어 선 노인들이 뉴스 화면을
탔었다. 어르신들은 새치기를 한다고 서로를 욕하면서, 꼭두새
벽에 새치기나 하고 있는 자기를 욕했다.

　'저출산 고령화'는 사회 전체적으로도 건강하지 못하다는 지
표이기도 하다. 새로운 피가 좀처럼 수혈되지 않고 혈전血栓만

쌓이는 형국이다. 개인적으로 안락사의 합법화 여부가 조만간 나라의 공식적인 의제로 상정되리라 전망한다. 그러지 않으면, 망할 것 같다. 나는 '내 죽음에 아무런 판돈을 걸어놓지 않은 이런 순간에 / 어서 그것이 왔으면 좋겠다 / 미안하지만, 후련한 죽음이(황지우, 〈눈 맞는 대밭에서〉)'라는 시구를 아주 좋아한다.

○ 고통 앞의 이성理性은 누구에게나 바람 앞의 촛불

붓다의 제자 가운데 '찬나Channa: 闡陀: 천타'라는 이가 있었다. 늘그막에 중병을 얻어 죽음의 위기에 놓였다. 붓다의 10대 제자 가운데 두 명인 '사리푸트라Sariputra: 舍利佛: 사리불'와 '카티아야나Katyayana: 迦旃延: 가전연'가 병문안을 갔다. 찬나는 죽고 싶을 만큼 통증이 너무 심하다고 호소했다. 동료들은 자신들이 정성껏 간호하겠다며 늙고 아픈 친구를 진정시켰다. 그러나 찬나는 그런다고 나을 병이 아니라며 힘겹게 손사래를 쳤다. 애가 탄 사리불과 가전연은 불교의 교리를 내세우며 핀잔을 줬다. "당신은 눈과 귀와 코와 혀와 몸이, 보고 듣고 냄새 맡고 맛보고 감촉을 느끼는 게 당신이라고 생각하시오?"

사리불과 가전연은 각각 지혜제일智慧第一과 논의제일論議第一

로 불렸다. 그야말로 설득의 달인들이었던 것이다. 무아無我, 본디 '자아'라고 하는 실체가 없을진대 왜 '나라는 게 실제로 있다'고 여기고 그걸 스스로 없애려고 하느냐는 논리로 찬나를 몰아세웠다. 스승을 배반했다는 생각 때문이었는지 찬나는 당황하며 고개를 저었다. "아니오. 나는 내 몸뚱이를 나라고 생각하지 않소." 찬나가 불법佛法에 대한 잘못된 이해를 뉘우쳤다고 판단한 두 사람은 조금이나마 안도한 채로 자리를 떴다. 평상심은 금세 깨졌다. 다음날 찬타는 끝내 칼로 목을 그었다. 고통 앞의 이성理性은 누구에게나 바람 앞의 촛불이리라.

　찬나의 주검을 화장하고 교단으로 돌아온 사리불과 가전연은 붓다에게 찬나의 결정이 옳은지 그른지에 관해 물었다. 의외로 붓다는 "그에게 큰 허물이 있다고 말하지 않겠다"라고 답했다. 붓다의 모든 행적과 법문을 모은 《잡아함雜阿含》 가운데 '천타경闡陀經'에 나오는 일화다. 《아비달마구사론阿毘達磨俱舍論》 줄여서 《구사론》은 깨달은 인간인 아라한阿羅漢이 자신의 생명을 자의적으로 포기해도 되는 상황을 설명하고 있다. "질병의 고통이 육체를 핍박하거나 자기가 세상에 머물러도 남들에게 전혀 이익이 되지 않으면" 자살해도 된다는 것이다.

○ **"붓다의 죽음을 차마 볼 수 없다" 제자들의 잇따른 자살**

찬나의 자살에 대한 붓다의 반응에서, 안락사에 대한 불교의 입장은 명확해진다. 자아가 실재하든 안 하든 고통은 엄존한다. 더구나 고통이 끝날 기약이 없고 더군다나 그 고통을 다른 이들까지 떠안아야 한다면, 고통과 함께 사라지는 것도 최소한 악행은 아니게 된다. 몸도 지독하게 아픈데 자기 병수발에 지친 가족들에 마음까지 아프다면…. 죽을병에 걸려 겨우 연명이나 하는 노구老軀에도 동일하게 적용될 수 있는 상황이다. 아울러 붓다는 "찬나는 생전에 이미 깨달음을 얻었으니 비록 자살을 했더라도 다음 생에 윤회하지 않을 것"이라는 견해도 덧붙였다. 무엇보다 찬나의 자살은 삶에 대한 갈망 때문에 죽은 것이 아니기에 무죄다.

훗날 사리불과 가전연조차 자살했다. 여든네 살 동갑이었던 그들은 여든의 붓다가 열반하는 걸 차마 볼 수 없다며 이른바 '극단적 선택'을 했다. 최초의 비구니이자 붓다의 이모이며 양모였던 마하파자파티도 같은 까닭으로 육신을 버렸다. 심지어 붓다는 그녀의 자살을 허락했다. 자살을 무조건적으로 부정하지는 않았음을 새삼 보여주는 대목이다. 물론 명백한 조건이 달린다. 탐욕과 분노로 저지른 죽음이 아니어야 한다는 것. 붓다는 《발타라경跋陀羅經》에서 불치병에 걸려 자살을 시도하려는 비구들을 이렇게 타일렀다. "그대들은 진정 자아에 대한 욕망과 집착을 벗어났다고 당당하게 말할 수 있는가?"

프랑스의 사회학자 에밀 뒤르켐Emil Durkeim, 1858~1917은 자살을 '이기적 자살'과 '이타적 자살'로 구분했다. 실직이나 실연과 같은 개인적 절망에 의한 자살이 전자요, 순교殉敎나 순국殉國과 같은 사회적 의무감에 따른 자살이 후자다. 붓다가 불허한 자살은 이기적 자살과 맥락이 닿는다. 자살은 매우 모순적인 행위인데, 대부분 살고 싶다는 욕구가 극한에 달했을 때 자행되는 일이다. 더 나은 삶을 향한 갈구와 책략이 실패를 반복할 때, 인간은 다음 생에서라도 재기하기를 꿈꾼다. 그리고 해소되지 않은 회한은 반드시 남아 다음 생에 크나큰 죄업으로 부활한다. 죽어봐야, 허탕이다.

o **낙태에 대해선 철저하게 반대**

반면 낙태에 관해서는 완강하게 반대의 입장을 취하는 붓다다. 이유는 간명하다. 살생이니까. 제자인 목갈라나Moggallana:目犍連:목건련가 언젠가 탁발을 나섰다. 발우를 들고 어떤 동네에 이르렀는데 갑자기 괴물체가 눈앞에 나타났다가 순식간에 사라졌다. 커다랗고 물렁물렁한 살덩이 같이 생긴 중생이었다. 신통제일神通第一이었던 목건련만이 행인들 중에 유일하게 그걸 볼 수 있었다. 그는 아무에게도 말하지 않고 오직 붓다에게만 이 사실을 아뢰었다. 붓다의 대답이다. "그 중생은 과거에 낙태했다. 이 죄로 말미암아 그는 지옥에 떨어져 한없는 고통을 받았고 지금도 받고 있는 것이다."《잡아함》〈타태경墮胎經〉이 출처다. 중절한 행위로 인해 중절된 몸으로 살아야 했던 것이다.

《구사론》은 한 인간을 잉태해 출산하기까지의 과정을 '태내오위胎內五位'로 분류했다. 전생의 영혼이 부친의 정액과 혼합하여 어머니의 태 안에 자리를 잡는 일주일이 1단계다. 수정되는 그 순간부터 엄연한 인간으로 간주하고 있다는 근거다. 붓다는 《장수멸죄경長壽滅罪經》에서 낙태를 바라이죄에 비견했다. 바라이죄婆羅夷罪, parajika)란 ▲ 음란한 짓 ▲ 도둑질 ▲ 살인 ▲ 깨닫지 못했는데 깨달았다는 거짓말이다. 출가자가 이를 저지르면 승단을 떠나야 한다. 내생에는 무간지옥에서 버텨야 할 형벌을 받는다. 불교에서 생명이란 어떤 형체이고 신분이건 간에 그 자체만으로 엄청난 존엄이고 기적이다. 그러므로 낙태는 에누리 없이 살인이다.

이렇듯 낙태는 철저히 생명주의적인 관점에서 금지하고 있다. 다만 원치 않는 임신을 한 여자의 처지는 고려하지 않는다. 강간에 의한 임신이나 기형아가 예상되는 임신에 대해선 경전에 특별한 언급이 없다. 이에 반해 자살에 대해선 상당히 공리주의功利主義적인 태도를 취하고 있다. '무엇이 만인에게 이로운가'가 판단의 척도다. 애욕이 아니라 모두의 '안락'을 위한 자살은 허용되기도 한다. 남들에게 일절 도움이 되지 않는 삶이라면 정상참작을 해줬다. 보살행菩薩行. 일관되게 타자 본위를 지향하는 불교적 사고를 반영한다. 결정적으로 천타나 사리불이나 가전연이나 마하파자파티나 이미 아라한들이었다. 죽더라도 깨닫고 나서 죽으라는 이야기다.

29

‘살아서 욕될 것인가
죽어서 복될 것인가’라지만…

#불교는 순교를 어떻게 보나?

한국불교사 최초의 순교자는 이차돈異次頓, 502?~527이다. 불교를
신라의 국교로 삼을 것을 상소하다가 국법으로 목이 잘렸다.
"제가 저녁에 죽어 커다란 가르침이 아침에 행해지면 부처님의
날이 다시 설 것이요, 임금께서는 길이 평안하시리다《삼국유
사》." 처형되는 순간 젊은 몸에서 흰 피가 솟구치고 꽃비가 내렸
다는 이적異蹟은 자못 엽기적이다. 이어 곧았던 나무가 부러졌고
원숭이가 떼 지어 울었다. 위정자들은 하늘이 무서워서 결국 고
인故人의 청을 들어줬다. 어쨌거나 이렇듯 순교의 가해자는 국가

권력인 경우가 대부분이다. 억불숭유로 점철됐던 조선시대에 비통한 사연이 유독 많이 보인다.

고려시대 마지막 선승禪僧으로 일컬어지는 나옹혜근懶翁惠勤, 1320-1376은 조선을 건국한 신진사대부들의 압력으로 중앙에서 좌천돼 지방의 사찰로 가다가 살해됐다. 제13대 임금 명종의 친모였던 문정왕후에 기대어 불교의 중흥을 꿈꾼 허응보우虛應普雨, 1515-1565도 말년이 황망했다. 강력한 후견인이 죽자 정적政敵들에 의해 제주도로 유배됐다가 참혹한 죽음을 맞았다. 현지 건달들에게 조리돌림을 당하다 입적했다는 일설이다. 조선 후기의 대표적 선지식 환성지안喚惺志安, 1664-1729의 사례 역시 기억해야 할 비사秘史다. 당신의 설법을 듣기 위해 사람들이 구름처럼 몰려든 김제 금산사 화엄법회를, 유자儒者들이 역적모의라며 관가에 신고했다. 스님은 절해고도에서 가부좌를 튼 채 열반했다. 이외에도 적지 않은 스님들이 맞아 죽었고 목 베여 죽었고 찢겨 죽었다. 상당수의 양반들은, 악마였다.

○ 신의 이름으로 나의 조국을 짓밟아달라

순교殉敎의 사전적 정의는 '자기가 믿는 신앙을 지키기 위하여 목숨을 바치는 일'이다. 정치적 격동에 따른 참변을 순교로 규정하기는 께적지근하다. 신앙 '때문에' 죽은 것이지 신앙을 '위하여' 죽은 것은 아니기 때문이다. 더구나 정통적 의미의 순교조차 곱씹어봐야 할 문제다. 종교적 신념 또한 일종의 독선이고 맹신이라는 전제 아래서다. 이슬람 지역에서 무리하게 선교를 펴다가 피살되는 목사들이 꾸준히 발생한다. 안타깝지만 정녕 슬기로운 처신이었는가 하는 의문은 남는다. 토착민들의 자생적인 문화와 가치를 외면한 선교는 그리 바람직하지 않아 보인다. 일방적인 전도의 실패로 야기되는 순교는, 근본주의의 어두운 이면일 수 있다. 종교도 엄연히 국가공동체의 테두리 안에 존재하는 것이다. 종교가 개인의 '신념'이 아닌 '취미'일 때만이, 아무래도 나라가 평안하다.

'황사영 백서 사건'도 논란이다. 1801년 일어난 신유박해로 100여 명의 천주교인이 목숨을 잃었고 400여 명은 귀양을 갔다. 대량 학살 직후 황사영은 중국 북경에 체류하던 프랑스 주교에게 탄압의 실태를 고발했다. 동시에 프랑스 군대가 조선을 정벌해줄 것을 요청하는 편지를 보내려 시도했는데, 이게 당국에 발각됐다. 왕실 입장에서는 충분히 역모로 해석할 수 있는 정황이다. 외세의 힘을 빌려 조국을 유린하고서라도, 신앙의 정착과 공권력에 대한 복수를 실현하려던 고집은 아무래도 거슬린다. 2014년 8월 프란치스코 교황이 내한했을 당시 광화문광장에서 한국의 가톨릭 순교자들을 성인聖人의 바로 아랫단계인 복자福者에 추대하는 의식이 열렸다. 오랜 내부논의 끝에 황사영은 명단에서 빠졌다.

○ 신앙을 위한 죽음이 아니라 생명을 위한 죽음

불교적 순교의 원형은 붓다의 10대 제자 가운데 한 명이었던 부루나富樓那:purna 존자의 죽음이다. 그는 법문을 잘해 설법제일說法第一이라 불렸다. 고국인 수로나국國으로 돌아가 포교를 하겠다며 붓다의 허락을 구했다. 스승의 물음엔 근심이 가득하다. "네 고향 사람들은 사납기로 악명이 높다는데, 그들이 너를 때리면 어떻게 하겠느냐?"

부루나가 대답했다. "죽이지 않음을 다행으로 여기겠습니다." "심지어 너를 죽이겠다면 어떻게 하겠느냐"는 붓다의 되물음에 대한 응답은 기가 막힌다. "어떤 사람들은 이 세상의 괴로움을 못 이기고 남들에게 자신을 죽여달라고 부탁하기도 하는데, 그들이 자진해서 저를 죽여준다면 그저 고마울 따름입니다." 부루나는 결국 동족에게 맞아죽었다.

죽고 싶지 않고, 맞고 싶지 않은 게 인지상정이다. 부루나의 다짐에는 안전에 대한 걱정이나 폭력에 대한 원망이 일절 보이지 않는다. 그의 '무시무시한' 자비는 불교의 교리적 근간인 무아無我를 성취한 덕분이다. '나'를 비우면 '너'를 짓밟아야 할 이유가 없다는 논리. 《본생담本生談: Jataka: 자타카》은 전생의 붓다를 소재로 다뤘다. 당신은 배고픈 짐승을 위해 살점을 떼어주고 목숨을 헌납함으로써 성불成佛의 가능성을 조금씩 높여갔다. 신앙을 위한 죽음이 아니라 생명을 위한 죽음이었다.

o 어디든 가서 누구든 도와줘라

모든 교주는 전도傳道를 원한다. 붓다도 예수도 문도門徒들에게 전도를 촉구하는 선언을 남겼다. 자못 대조적이다. 일단 〈마태복음〉 10장의 내용을 개략해 옮긴다.

"이방인의 길로 가지 마라. 또 사마리아인의 마을로 들어가지 마라. 차라리 이스라엘 백성 가운데 길 잃은 양들을 찾아 가라. (중략) 가서 하늘나라가 다가왔다고 선포하라. 병든 사람은 고쳐주고 죽은 사람은 살려주어라. (중략) 누구든지 너희를 영접도 하지 않고 너희들의 말도 듣지 않거든 그 집이나 성에서 나가 너희 발의 먼지를 떨어버려라. (중략) 너희들은 나 때문에 총독들과 왕들에게 불려가 재판을 받을 것이다. (중략) 너희가 내 이름으로 인하여 모든 사람에게 미움을 받을 것이나 나중까지 견디는 자는 구원을 얻으리라. (중략) 너희를 영접하는 자는 나를 영접하는 것이요, 나를 영접하는 것은 나를 보내신 이를 영접하는 것이다."

사마리아인은 예수의 혈족이었던 유대인들이 경멸하던 혼혈인들이었다. 널리 알려진 '착한 사마리아인'의 비유는 그만큼 사마리아인들이 전체적으로 악평을 들었다는 반증이다. 여하튼 예수의 전도 선언에는 친절하고도 세심했던 본인의 성격이 돋보인다. 거의 엄마 잔소리 수준이다. 사람을 가려가며 포교를 해야 한다는 입장도 명확하다. 주인을 배신하지 말아야 한다는 당부도 뚜렷하다. 반면 《전법륜경傳法輪經》에 나타난 붓다의 전도 선언은 매우 간결하다. "이제 유행流行하라. 인천人天의 이익과 행복을 위하여."

　전도의 대상에는 아무런 제한과 차별이 없고 꺼릴 것이나 조심해야 할 것도 없다. 생명이 있는 곳이라면 무조건 가서 도와주고 일깨우라는 게 불교의 선교다.

　법회를 마치는 것을 뜻하는 회향廻向이란 용어에도 대승불교의 심오한 정신이 깃들어 있다. 법회에 참석함으로써 얻은 공덕功德을 내가 가져가지 않고 남에게 베풀겠다는 약속이다. '수상受賞의 영광을 ○○에게 돌린다'는 상투적인 공치사의 철학적 승화인 셈이다. 요컨대 불교적인 삶은 철저하게 타자 본위의 삶이다. 명분에 투철한 행동이나 살신성인의 보살행을 기릴 때 으레 '위법망구爲法忘軀'라는 표현을 쓴다. 불교에서 '법法:Dharma'이라는 글자는 '진리' '교리' '현상' '세계' '계율' 등 다양한 어의를 갖는다. 위법망구는 법을 위해 몸을 버린다는 것인데, 이때의 '법'은 '교리'가 아닌 '세계'로 읽어야 옳다. 그래야만 도그마의 폐해를 피할 수 있다. 자아정체성의 확장을 목표로 한 죽음은 단순 자살의 범주를 넘어서기 어렵다. 자신의 종교적 정당성을 강변하기 위한 순교든, 도망간 애인을 데려오지 않으면 뛰어내리겠다는 마포대교 시위든.

○ 가장 바람직한 사회는 순교가 필요 없는 사회

정원 스님은 2017년 1월 7일 박근혜 당시 대통령의 구속을, 문수 스님은 2010년 5월 31일 이명박 정부의 4대강 사업 폐기 등을 요구하며 스스로 몸을 불살랐다. 이념적 편향성과 형식적 과격성을 접어두고, 분신焚身이란 상식적으로 엄청난 용기를 필요로 하는 행위다. 분신을 결행하는 마음은 죽음에 대한 공포를 완전히 초월한 마음이기도 하다. 어느 동국대 불교학과 교수는 "그들의 '소신공양燒身供養'은 각자가 도달한 생사일여生死一如의 경지를 확인하기 위한 자기 검증이었다"라고 옹호했다. 수명壽命의 길이를 행복의 척도로 여기는 이들에게는 무모한 자기파괴겠다. 그러나 죽음을 삶의 완성으로 보는 쪽에서는 엄청난 자기실현이다.

문수 스님은 자살하기 전 1,000일 간 면벽面壁 수행을 했다. 정원 스님은 "하나의 꽃이 떨어져 수만의 열매를 맺는다면 떨어진 꽃은 하나가 아니리"라는 비장한 법어를 남겼다. 투사이기에 앞서 수좌들이었음이 입증되는 대목이다. 무엇보다 개인적 절망에 따른 이기적 자살이 아니라 공동체를 위한 이타적 자살로 보아야 그 죽음은 더욱 값지게 된다. "나의 죽음은 어떤 집단의 이익이 아닌 민중의 승리가 되어야 한다(정원 스님)." "재벌과 부자가 아닌 서민과 가난하고 소외된 사람을 위해 최선을 다하라(문수 스님)"는 유언에서 진정성은 확연히 드러난다. 부처님 좀 믿으라고 또는 불교 깔보지 말라고 자살한 게 아니다. 불교의 순교는 최소한 '순민殉民'이어야 한다.

그래도 뭇 생명을 구하겠다고 '자기'라는 근본적인 생명을 죽여야만 했는지, 평범하고 옹색한 마음결로는 그저 착잡할 따름이다. 순교에 대한 용인 심지어 권장에서 기독교와 이슬람교가 한 핏줄이라는 사실은 새삼 선명해진다. "나에게는 그리스도가 생의 전부입니다. 그리고 죽는 것도 나에게는 이득이 됩니다(〈필립보서〉 1장 21절)." "하나님의 길에서 순교한 자가 죽었다고 생각지 말라. 그들은 하나님의 양식을 먹으며 하나님 곁에 살아 있노라(〈코란〉 3장 169절)." 사사건건 일희일비할 때면 그들의 뜨겁고 굳건한 신앙심이 부러울 때도 있다. 반면 차가운 이성의 눈으로 보면 순교는 웃음거리가 되기도 한다. "폭군이 죽으면 그의 지배는 끝나지만, 순교자가 죽으면 그의 지배가 시작된다(철학자 쇠렌 키르케고르)." "순교는 능력 없이 유명해질 수 있는 유일한 방법이다(극작가 조지 버나드 쇼)."

가장 바람직한 사회는 순교가 필요 없는 사회다. 그만큼 종교

와 표현의 자유가 보장되어 있다는 뜻이니까. '살아서 욕될 것
인가, 죽어서 복될 것인가'라지만… 다들 행복했으면. 아프지
않고. 아프게 하지 말고.

30

'뜰 앞의 잣나무'는
오늘도 굳세게 서 있다

#달마가 동쪽으로 간 까닭은?

간화선看話禪은 화두話頭를 발판으로 깨달음에 이르고자 하는 조계종의 정통 수행법이다. 참선할 때 화두를 든다. 문제를 풀어내는 실마리와 같다. 훌륭한 선사들이 남긴 화두는 '공안公案'이라 칭한다. 원래는 정부의 공식 문서를 가리키는데, 그만큼 검증된 화두라는 뜻이다. '祖師西來意조사서래의'는 유명한 공안이다. 중국 선종禪宗의 초조初祖인 보리달마菩提達磨가 왜 서쪽에서 왔는지를 묻고 있다. 요즘에는 도착한 쪽으로 방위를 바꾼 '달마가 동쪽으로 온 까닭은?'이란 말이 주로 쓰인다. 구도의 심오함을 주

제로 다룬 동명同名의 영화가 화제가 되면서부터다. 결국 우주의
진리와 인생의 진정한 가치에 관한 질문이다.

o《전등록》, 깨달음의 계보학

《전등록》은 선가禪家에서 가장 방대한 책이다. 석가모니불을 포
함해 1,701인 선사들의 생애와 법문을 짤막짤막하게 정리했다.
그래도 30권 분량이다.《경덕전등록景德傳燈錄》의 줄임말이다.
중국 북송의 경덕제 재위 시에 만들어졌기 때문이다(서기 1004
년). 곧 전등록의 편찬은 황제에게 진상하는 국가 차원의 불사
였다. 당말唐末부터 불교 권력을 거머쥔 선승들은《전등록》을 통
해 그들의 유구한 역사를 자랑했다.

　《전등록》은 선사들의 족보 또는 깨달음의 계보학이라 할 수
있다. 시작은 붓다에 관한 이야기가 아니다. 과거칠불(지난 세상
에 출현했던 일곱 부처님)부터 출발한다. 무상정각無上正覺은 고작
한 번의 생에서 이룰 만큼 가벼운 것이 아님을 상징한다. '33조
사祖師'라는 개념도 여기서 비롯됐다. 붓다의 후계자였던 마하가
섭부터 대대로 법을 이은 33명의 선사들을 가리킨다. 중국으로
건너와 법을 전한 달마가 28조다. 다음으로 혜가慧可, 2조 승찬僧

璨, 3조 도신道信, 4조 홍인弘忍, 5조을 거쳐 혜능慧能, 6조에 이르러 조사선祖師禪은 정착했다.

달마의 행장은 《전등록》 제3권에 나타난다. 출신 성분이 붓다와 비슷하다. 남인도 향지국香支國의 왕자였다. '향지'는 인도 동남부의 도시 칸치Kanchi, 오늘날은 칸치푸람를 수도로 했던 팔라바 Pallava 왕조. "제아무리 휘황찬란한 보석이라도 인간의 마음이 그렇게 봐줘야만 비로소 보석"이라는 어린 달마의 사고력에 감복한 27조 반야다라般若多羅가 제자로 삼았다. 이후 부왕父王이 죽고 막내여서 왕위 계승 순위에서 멀어지자 홀연히 모국을 떠났다. 서기 527년 바닷길로 중국에 들어와 소림사에 머물면서 교화하다가 536년 교단의 기득권 세력에 의해 암살당했다는 것이 대략적인 내용이다. 벽관壁觀은 달마의 일생을 관통하는 키워드인데, 오로지 벽만 응시하며 좌선에 전념했다는 의미다. 사실 특별한 수행법이라기보다는 단순한 은둔이었다고 봐도 무방하다. 그는 중국에 살던 9년의 대부분을 숨어 있거나 앉아만 있었다.

o 자존감 향상에 도움이 되는 '안심법문'

바꿔 말하면 숨어 있어도 억울해하지 않았고, 앉아만 있어도 조

급해하지 않았다. 달마가 중국인들에게 가르친 선법禪法은 무심無心으로 정리된다. 혜가와의 만남은 체류 기간 중 제일 극적이라 할 만한 일화다.

> 혜가 : 제 마음이 편안하지 못하니, 스님께서 편안하게 해주소서.
> 달마 : 마음을 가지고 오너라. 그러면 편안하게 해주리라.
> 혜가 : 아무리 찾아봐도 마음을 찾을 수가 없습니다.
> 달마 : 나는 이미 너의 마음을 편안하게 해주었다.

기록에 따르면 일찍이 유불도 삼교를 섭렵한 혜가는 40세가 되던 어느 날 극심한 두통을 얻었다. "머리에 다섯 개의 봉우리가 솟았다"는데 우울증이거나 등속의 정신질환으로 짐작된다. 혜가는 달마 앞에서 자신의 왼팔을 스스로 끊음으로써 심적 고통이 얼마나 참담한지를 입증해 보였다. 이에 달마는 '마음이란 것 자체가 없는데 아픈 마음이란 게 어떻게 가능하겠느냐'는 논리로 혜가의 '마흔앓이'를 치유해줬다. 최고의 공부는… 지금 그 마음 당장에 내려놓는 것이다. 달마는 일관되게 '무심이 불심佛心'임을 강조했다.

外息諸緣(외식제연) 內心無喘(내심무천)
心如牆壁(심여장벽) 可以入道(가이입도)

밖으로 모든 인연을 쉬고 안으로 헐떡임이 없어
마음이 장벽과 같으면 능히 도에 들어가리라.

－《이종입二種入》

남들의 기준에 자신을 억지로 끼워 맞추지 않고 주어진 삶을 묵묵히 받아들이며 만족할 줄 알면 부처라는 요지다. 이렇게도 말했다. "바깥에서 부처를 찾는 이유는 자기의 마음이 부처인 줄 모르기 때문이다. 부처를 가지고 있으면서 법당의 '부처'에게 절하지 말고, '부처'를 따로 생각하지도 마라(《혈맥론血脈論》)." 쓸데없이 마음 쓰지 않으면, 있는 그대로 부처라는 게 무심이다. '혼자여도 괜찮아' '실패해도 괜찮아' '멍청해도 괜찮아' 등등… 이즈막 서점가에 유행하는 '괜찮아' 시리즈의 효시는 달마의 안심安心 법문이라고 말할 수 있다. '못 났든 못 배웠든 못 살든, 살아 있다는 사실만으로도 우리는 고귀하다'는 본래부처의 정신은 '자존감 향상'에 특효다.

○ 모든 것을 '뭣도 아닌 것'으로 웃어넘겨버리는 패기

달마는 얼굴로도 가르쳤다. 달마도는 하나의 경전이요, 혁명이다. 굳게 다문 입은 무심을 상징한다. 치켜뜬 눈은 권위에 대한 도전으로 읽힌다. "경전을 읽으면 총명해지고 계율을 잘 지키면 천상에 태어나고 선행을 베풀면 복을 받을 것이다. 그러나 거기에 부처는 없다"는 설법은 기존 교단의 사상과 윤리와 체제를 송두리째 부정하고 있다. "성욕을 끊지 못해 고민하는 속인"에게도 "무수한 살생의 죄업으로 천벌을 받을까 벌벌 떠는 백정"에게도, "깨달으면 단박에 부처"라며 면죄부를 줬다. 어느 사물이든 중립적이다. 다만 예쁘다고 생각하니까 예쁜 것이고, 귀하다고 생각하니까 귀한 것이다. 반대되는 개념들 역시 마찬가지로, 착각이거나 질투다. 달마도의 독보적인 카리스마는 모든 것을 '뭣도 아닌 것'으로 웃어넘길 수 있는 패기에서 비롯된다.

또한 사정이 이러했기에 당대의 제도권 불교는 그를 미워할 만한 이유가 충분했다. 그리고 달마는 죽음 앞에서도 무심했다. 독살 시도를 다섯 번까지는 모면했으나 여섯 번째는 순순히 받아들였다. 지쳤거나 아니면 귀찮았던 모양이다. 다음은 《전등록》에 소개된 달마의 열반송이다.

江槎分玉浪(강사분옥랑) 管炬開金鎖(관거개금쇄)
五口相共行(오구상공행) 九十無彼我(구십무피아)

강물 위의 조각배가 옥빛 물결을 가르고
횃불을 비춰 금으로 된 자물쇠를 연다.
다섯 개의 입이 같이 가는데
아홉이니 열이니 분별하지 않는다.

얼핏 도무지 해독이 불가한 암호 같지만, 해학과 초탈의 시어다.
앞의 두 구절은 살인자에 대한 암시다. 강물과 조각배는 각각
'흐른다流'와 '버틴다搓'는 성질을 갖는다. '玉浪'은 삼장三藏과 형
태가 비슷하다. 당대의 위대한 강백講伯이자 달마의 독살을 사주
한 '보리유지 삼장'을 지칭한다. 횃불은 빛나고光 자물쇠를 딴다
는 건 통제할 수 있다는 것이다統. 광통 율사律師는 보리유지와
함께 살인을 공모했다. 금쇄는 독약이다. 독약도 자물쇠처럼 목
숨을 잠가버린다.
    뒤의 두 구절은 임종에 대한 소감이다. '五口'는 '나 오吾'를
'九十'은 '마칠 졸卒'을 파자破字한 것이다. '(그들이) 나와 함께
불법을 펴다가 시기하는 마음을 내어 서로 싸웠지만, 죽을 때

가 되니 너입네 나입네 따지고 으르렁거릴 필요를 못 느끼겠다'
는 여유이자 용서다. 한편으로 역사에 실존했던 보리유지와 광
통 모두 존경받는 큰스님들이었다. 더구나 상식적으로 온몸에
맹독이 퍼졌는데 느긋하게 시나 짓고 앉아 있기란 불가능하다.
달마의 독살은 선종이 교종敎宗이나 율종律宗보다 뛰어나다는 걸
강변하기 위한 후대의 조작이란 설이 파다하다. 그래도 그 무심
은 너무나 초연하고 아름답다. 그는 그냥 살다가, 그냥 갔다.

   '조사서래의祖師西來意, 조사, 즉 달마가 서쪽에서 온 뜻'에 대해 선사들은
전혀 맥락이 없는 답변을 내놓는다. "뜰 앞의 잣나무(조주종심趙
州從口)"라거나 "마른 똥 막대기(운문문언雲門文偃)"라거나 "삼베가
세 근(동산양개洞山良介)" 등이 비근한 예다.
   그들의 동문서답은 부처의 삶을 고민할 시간에 부처로서 열
심히 살라는 핀잔이다. '뜰 앞의 잣나무'는 오늘도 굳세게 서 있
고, '마른 똥 막대기'는 남의 똥구멍에 묻은 똥을 닦아주니 보살
이며, '삼베가 세 근'은 실존의 필연적인 무게를 가리킨다. '왜
사는가'란 의문은, 덜 살아본 자들의 어리석음이거나 노력이 부
족한 이들의 변명이기 십상이다. 살아 있다면, 살아내면 그만이
다. '부처의 삶'이란 별것이 아니다. 삶과 하나가 되어 걷거나 견

딜 뿐, 삶을 따로 떼어내어 손가락질하거나 닦달하지 않는 것이다. 존재하는 그대로가 진실이고 완성! 달마는 지금 이 순간에도 막 오고 있다. 바람이 분다.

31

잃었다고 하나
본래 없었던 것

#마음이 아플 땐 왜 불교를 공부해야 하나?

종교를 믿지 않는 사람이 전체 인구의 절반을 최초로 넘어섰다 (2015년 인구주택총조사). 탈脫종교화는 현실이다. 2090년이면 비종교인이 90%를 차지하리란 소리도 들린다(《유엔미래보고서 2045》). 과학과 의학의 끝 모를 발달이 살아서의 고통과 죽음에의 불안마저 정복하리라는 예상이다. 그리고 그때쯤 종교는 위로와 치유의 기능을 완전히 상실할 것이다. 기술력의 절정에 다다른 인공지능이 바로 신神일 테고. 그럼에도 불교에 희망이 있다면 종교 그 이상이기 때문 아닐는지. 폐허든 낙원이든 사람이 살아가는 곳이다. 어떤 모습의 미래일지라도, 사람은 어떤 모습으로든 살아갈 것이다. 불교는 사람을 바꿀 수 있다.

○ 스타가 '색'이면 팬들이 '공'이다

불교는 깨달음의 종교다. 붓다는 공空을 깨달았다. '공'을 좀 더 구체적으로 풀이하면 시간적으로는 무상無常이요, 개체적으로는 무아無我요, 관계적으로는 연기緣起다. 다들 비어 있어서… 기어이 허물어지고, 끝내는 혼자 못 살며, 반드시 서로가 서로를 의지하고 살아야 한다는 것이다. '빌 공' 자를 쓰기에 으레 허공이나 허무를 떠올리지만 공의 정확한 어의는 '0zero'이다. 산스크리트로는 'sunya(수냐).' 모든 숫자의 근본이자 모든 생명의 근본이다. 모두가 영零에서 왔다가 영으로 돌아갔다가 다시 영에서 온다. 더하기가 '축적'이라면 곱하기는 '초월'이다. 제아무리 천문학적이고 무시무시한 숫자라도 '0'을 곱하면 '0'에 지나지 않는다. '0'이 있기에 '1'도 있고 '-1'도 있다. 그리하여 이득도 보고 손해도 보다가… 이득을 봤네, 손해를 봤네 따지고 다툴 필요가 없는 흙속으로 돌아가는 게 인생이다. '0'을 기억하는 마음은 겸손하고 의연하고 느긋하다.

'색즉시공色卽是空 공즉시색空卽是色'은 0을 중심으로 한 발산과 수렴의 연속을 일컫는다. 색이 물질적인 형상이라면 공은 색을 색답게 해주는 기반이다. 색은 공이 먹여 살리고 공은 색이 붙들고 간다. 바람(공)이 촛불(색)을 끄기만 하는 것 같지만, 사실 바람이라는 공기가 없으면 촛불은 애초에 존재할 수가 없다. 스타가 출연하면 다들 예쁘다고 호들갑을 떨지만, 스타는 '스타 아닌 것'들의 선망과 열광 속에서만 비로소 떼돈을 번다. 아름다운 꽃 한 송이가 색이라면, 그 아름다움을 지켜주겠다고 혼신의 힘을 다 하는 대지와 우주의 기운이 공이다. 아울러 끝내 꽃이 시들어 공으로 돌아가면, 공 안에 파묻혀 있던 무언가가 새로운 인연을 만나 또 다른 색으로 탄생하는 법이다. 시간은 모두에게 공평하고, 참고 기다리면 누구나 꽃필 수 있다.

○ 내 마음이 곧 현실이다

《반야심경般若心經》은 가장 짧은 경전이다. 250개의 한자로 구성됐다. 《서유기》에 등장하는 삼장법사의 모델인 현장玄奘, 602?~664이 한문으로 옮겼다. 대한불교조계종은 불교의 대중화를 위해 이 번역본을 기초로 2011년 10월 《우리말 반야심경》을 완성했다. 전국 사찰의 법회는 어디든 《반야심경》 독송讀誦으로 시작된다. 국민의례와 비교하면 애국가인 격인데 불교의 진면목을 압축한 노래다. 분량도 짧지만 말하고자 하는 요지도 간명하다. 자기 생각만 믿고 까불지 말라는 거다.

관자재보살觀自在菩薩:관세음보살이 오온五蘊이 공空한 것을 통찰하고 온갖 고통에서 벗어났다는 게 《반야심경》의 서두이자 결론이다. 오온은 색色, 사물 수受, 느낌 상想, 표상 행行, 의식작용의 진행 식識, 분별과 판단으로 이어지는 인식과정을 가리킨다. 오온이 공하다는 것은 앎의 불완전성에 대한 지적이다. 물고기의 물은 인간에게 땅이며 짐승의 오온 앞에서 의자는 나무에 불과하다. 결국 오온에 비친 세상은 나의 관점 안에 갇힌 세상이다. 우물 안 개구리가 우물 바깥을 못 보고, 눈앞에 놓인 음식이 고기 이전에 생명이었음을 못 보듯이. 무릇 '본다'는 행위에는 '눈여겨본다'고 하는 사사로운 관심과 해석이 섞이게 마련이다. 모든 진실은 자기만의 진실이다.

따라서 상당한 스트레스는 자초한 스트레스다. 《반야심경》의 지적대로 세계는 불생불멸不生不滅이고 부증불감不增不減이고 불구부정不垢不淨이다. 다만 내가 욕심내니까 생기고 더 욕심내니

까 잃어버린다. 내가 고집을 피우니까 늘어나고 자꾸 먹어치우
니까 줄어든다. 내가 싫어하니까 더럽게 느껴지고 좋아하니까
깨끗하게 느껴진다. 그래서 무슨 생각이든 일으키면 색이고 잠
재우면 공이다. '나'를 거둬들이면 세상은 아무렇지도 않다. 동
국대 불교학과 교수를 지낸 성본 스님은 "공의 세계에서 살기
위해서는 무심하게, 평상심과 본래심으로 자기가 하고 있는 일
에 묵묵히 몰입해야 한다"고 말했다. 영원한 행복을 얻는 조건
은 공관空觀이다. 마음 비우고 살라는 이야기다.

《금강경》 역시 공空의 진수를 설명한 책이다. 대승불교 반야
부般若部 600권의 경전 가운데 577권 째에 해당한다. 현재 통
용되는 한문본은 역경譯經의 대부였던 구마라습鳩摩羅什:Kumarajiva,
344~413이 번역한 것이다.《화엄경》에 비해 훨씬 짧고《반야심경》
보다 한결 구체적이다. 예부터 깃털같이 많은 불자들이 애독해
왔다. 최고의 지혜를 간명하게 정리했다는 것이 최대 강점이다.
학문에 일가견을 이룬 스님들이 한번쯤은 역서譯書를 내고 싶어
하는 이유이기도 하다.
　《금강경》의 요의了義는 사구게四句偈다.

凡所有相(범소유상) 皆是虛妄(개시허망)
若見諸相非相(약견제상비상) 卽見如來(즉견여래)

모든 형상은 본디 허망하다.
만약 '얼핏 그렇게 보이는 것'들이 '원래는 그렇지 않은 것'임
을 볼 수 있다면 곧바로 진짜를 보리라.

가장 높이 나는 새가 가장 위험하다는 것을 알 때, 우리는 차
분해지고 아늑해진다. 더불어 "분별심分別心으로 만들어낸 인식
은 꿈이고 환상이고 물거품이고 그림자이고 이슬이고 번갯불에
지나지 않는다(一切有爲法일체유위법 如夢幻泡影여몽환포영 如露亦如
電여로역여전 應作如是觀응작여시관)"고도 했다. 과거는 이미 가버렸고
미래는 아직 오지 않았다. 오직 생각 속에서만 존재할 따름이
다. 죽겠다니까, 죽겠는 거다.
　6조 혜능은 '응무소주 이생기심應無所住 以生其心'이라는 《금강
경》의 구절에서 크게 깨달았다. '마땅히 머무는 바 없이 그 마음
을 낼지어다.' 머무르지 말라는 것은 집착하지 말라는 것이다.
단순하다. 머무르니까 아쉽고 머무르니까 화병이 난다. 마음은
맑고 투명한 물과 같아서… 오래 놔두면 썩거나 모기가 꼬이게

마련이다. 세숫물 버리듯 금방금방 버려버려야 한다. 마음이 머무른 만큼이 업業이다. 마음의 응어리이고 찌꺼기이고 생채기이고 혈전이다. 다만 신체적 동맥경화와는 달라서 순식간에 나을 수 있다. 업장業障이 너무 두꺼워서 힘들다고? 지금 당신이 하고 있는 그 생각 버리면 된다.

《화엄경》을 채운 한자는 총 10조 9만 5,848자다. 10억 자가 아니다. 두텁기로 소문난《법화경》이 6만 9,384자다. 진리의 바다, 법해法海라는 별명으로 불리는 이유이자 '60권《화엄경》' '80권《화엄경》'이 편찬되는 까닭이다. 공부하기 좋아하는 사람에게《화엄경》은 보고寶庫이자 함정이다. 까마득히 심오한 의미를 담고 있지만, 그만큼 빠져죽기도 쉽다. 그러나《금강경》과 마찬가지로《화엄경》또한 여섯 글자로 요약된다. 1989년부터《화엄경》을 연구한 반산 스님이 간추려줬다. '통만법統萬法 명일심明一心.' '만법을 아우르며 일심을 밝힌다'는 뜻이다. 아득히 드넓고 끝없이 복잡한 게 세상인 듯 보이지만, 결국은 한 생각에서 나온 허상이란 이야기다. 내 마음이 곧 현실이다.

《화엄경》은 '대방광불화엄경大方廣佛華嚴經'의 약자다. 거대한 빛을 한없이 내뿜는 부처님의 깨달음을 온갖 꽃으로 장식한다는 의미다. 그리고 이렇게 눈부신 불광佛光은 태초부터 우리가 살고 있는 세계를 뒤덮고 있다는 논리다. 절대 긍정. 아울러 부처님을 받드는 꽃다발과 같은 마음이 사람을 미워할 순 없는 노릇이다. 화엄의 눈으로 바라보면 누구나 꽃이다. 십불찰미진수 十佛刹微塵數의 세계관에 따른 안목이다. 셀 수 없이 많은 부처들이 세상을 채우고 있는 형국을 가리킨다. 오만한 이들을 위한 교훈이기도 하다. '네가 그렇게 대단하니? 너같이 잘난 놈, 이 세상에 부지기수다.'

○ '그냥' 살면, 도인이 된다

과학 문명의 발달로 인해 신神의 권위는 땅에 떨어졌다. 더 이상 종교가 세상을 바꾸기는 어려운 시대다. '선교'와 '선동'을 헷갈리는 일부 종교인들을 보면 바꿔서도 안 될 것 같다. 여하튼 현대인들은 다들 영리해졌다. 그러나 그 똑똑함이 지성이 아니라 꼼수를 내는 쪽으로만 진화한 것 같다. 탈종교화는 세속화의 막장일 수도 있겠다. '죽으면 끝'이라면서도 다음 생엔 '금수저'를 물고 태어나길 바라는 중생의 이중적이고 옹졸한 심보 앞에서, 우리들의 경전은 앞으로도 유익할 것이다.

　물론 말로는 쉽다. '마음먹은' 대로 살기도 어렵지만 '마음 가는' 대로 살기란 더 어렵다. 끊임없이 부스럭거리면서 무언가를 저지르는 것이 중생의 삶이다. 그래도 오직 마음뿐이다. 마음의 바깥에는 아무 것도 없다. 마음을 쉬면 아무 일도 일어나지 않는다. 몸과 마음을 합친 것이 '나'라면, 마음만 잘 다스려도 질병의 절반은 모면할 수 있는 셈이다. '得之本有득지본유 失之本無실지본무'라는 《벽암록碧巖錄》의 구절은 아무리 봐도 정신건강에 이롭다. '얻었다고 하나 본래 있었던 것. 잃었다고 하나 본래 없었던 것.'

선어록禪語錄들에서 선사들이 전하고자 하는 가르침은 단출하다. 일언이폐지하면, '그냥' 살라는 것이다! 당장의 꿀맛 같은 행복도 인연이 다 하면 속절없이 허물어져 버리고 만다는 것. 더불어 동일한 이치로 끔찍한 불행이란 것도 종국엔 한 조각 거품으로 오므라들리라는 것. 빛은 어둠의 절반이고 삶은 죽음이 먹다 남긴 찌꺼기라는 것. 결론적으로 도에 넘치게 욕심내지 말고 지나치게 슬퍼하지 말며 중심을 잡으라는 것. 도道를 물을 시간에 그저 성실하고 명철하게 살면, 내가 그대로 도가 된다는 것. 언제나 태양은 온몸으로 뜨겁고, 냇물은 죽을힘을 다해 흐른다.

32

나를 괴롭히는
모든 것이 나다

#'참나'란 무엇인가?

나라의 혹독한 금연 정책은 21세기부터 본격적으로 시작됐다. 초기불교에 대한 한국불교의 관심이 대대적으로 커진 것도 이즈음이다. 그전까지만 해도 대다수의 노스님들은 상좌가 팔리어 원전을 들춰보기라도 하면 당장에 절에서 내쫓았다는 전언이다. 이제는 상황이 심상찮다. 안거 기간 중에 종단의 정통 수행법인 간화선이 아닌 남방 수행법인 '비파사나Vippasana'를 하는 수행자가 너무 많아졌다. 지식인들을 중심으로 '초기불교가 한국불교의 대안'이라는 목소리도 성행하는 형편이다. 《금강경》

《화엄경》등은 부처님의 친설이 아니니까 불교가 아니라는, 18세기 일본에서 나타난 '대승비불설大乘非佛說'의 재현이라고도 말할 수 있다. 까다로운 몇몇은 '순수하고 청정했을' 불교의 원형에 대한 그리움을 가슴에 담아, 기존의 종단을 무작정 욕하고 집요하게 욕보인다.

'참나.' 원리주의자들에게서 유난히 비판을 당하는 개념이다. 붓다가 그토록 부정하고 극복하려 했던 브라만교의 아트만atman이 바로 '참나' 아니냐는 논리다. 아트만은 인간 존재의 본성이며 이것 때문에 인간은 윤회한다. 아울러 아트만을 깨달아 우주의 본성인 브라흐만brahman과의 합일을 이뤄야 한다는 게 브라만교이고 힌두교다. '무아無我'라는 붓다의 교설과는 정면으로 배치된다. 사실 오래고 지극한 참선을 통해 '참나'를 찾아야 한다고 독려하는 게 우리나라 다수의 선사들이긴 하다. '부모에게서 태어나기 전 나의 진정한 모습은 무엇인가'라는 뜻의 화두인 '부모미생전父母未生前 본래진면목本來眞面目.' 일견 '가아假我와 진아眞我가 따로 있다'는 생각은 '더러움과 깨끗함이란 분별 자체가 망상'이라던 육조六祖 혜능慧能의 법문과 걸맞지 않는다. 그는 모든 선사들의 아버지다. '거울의 먼지를 훔쳐내듯이 마음의 번뇌를 열심히 닦아내야 한다'던 신수神秀에 맞서, '마음은 물건이 아니'라며 차라리 그럴 시간에 구두나 닦는 게 더 효율적이라던 용자勇者다.

o 부처님처럼 먹고 잠자고 똥 눌 줄 아니까, 우리가 그대로 '부처님'

불교는 철저하게 인식론적이다. 시체의 해골에 고인 썩은 물을 게걸스럽게 들이켰다는 원효대사의 설화가 극명한 사례다. 맛있다고 생각하고 마시니 정말 맛있더라는 거다. 날이 샌 뒤에 자신이 마신 물의 실상을 파악한 원효는 지독한 구토 속에서 크게 깨달았다. 일체유심조—切唯心造. 그가 대오大悟를 얻은 장소는 지금의 경기도 화성시에 해당하는 당항성 부근이었다는 설이다. 중국으로 가는 길목이었다. 원효는 무덤가에서의 통찰 이후 당대 엘리트들의 단골 코스였던 당나라 유학을 포기했다. 더는 공부할 필요가 없었기 때문이다. '모든 것은 마음이 만든다'는 자각이 수행의 완성임을 시사한다.

혜능은 '참나'에 대해선 별달리 언급하지 않았으나 '나'에 대해선 입이 닳도록 말했다. 자심진불自心眞佛. '자신의 마음이 진정한 부처'라는 긍정의 언어다. 그가 완성한 조사선의 핵심은 주체성이다. "마음은 광대한 허공과 같다. 일월성신과 산하대지와

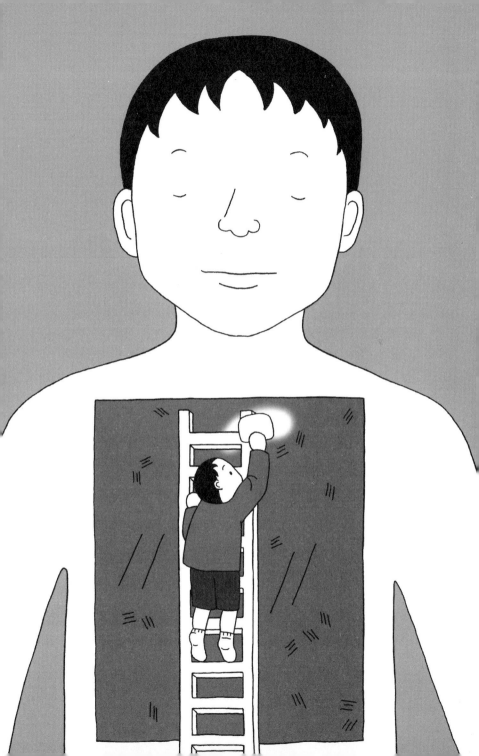

선업과 악업과 천당과 지옥이 모두 마음 안에 있다(《육조단경六祖壇經》)." 그도 그럴 것이 인간은 보이는 것만 보고 들리는 것만 듣는다. 세계는 마음의 반영이고 마음의 총체가 세계다.

그리고 이 마음은 부려먹는 사람에게도 빌어먹는 사람에게도 있다. "한 생각에 깨닫는다면 중생이 곧 부처이며 '중생과 부처가 따로 있다는' 망념만 내려놓는다면 그대가 천하의 선지식이다(《육조단경六祖壇經》)." 혜능에게 "불성佛性은 인성人性"이었다. 그리하여 '그대도 부처님처럼 울고 웃을 줄 아니까 부처님이고, 부처님처럼 먹고 잠자고 똥 눌 줄 아니까 부처님'이라는 혁명적인 사유를 개발했다. 조계종의 대강백大講伯 무비 스님이 줄곧 강조하는 대로 사람이 그냥 그대로 부처님인 것이다. 그리 시간도 걸리지 않을뿐더러 고행도 불필요한 최고의 깨달음이다. 내 인생의 첫 친구는 나이며 마지막까지 함께할 전우戰友도 나다. 오직 나만이, 나를 살아낼 수 있다.

o 내 눈에 들어온 꽃만, 꽃이다

'나'에 대한 불교의 입장은 이중적이다. 일단 독립적이고 고정된 자아란 건 없으니 집착하지 말라고 가르친다(무아無我). 그러면서도 자기를 구원할 수 있는 건 오직 자기 자신뿐이니, 진리를 향해 뚜벅뚜벅 걸어가라고 다독였다(자등명법등명自燈明法燈明). 어쩌면 나를 고집하지도 않으나 그렇다고 나를 내버리지도 않는다는 점에서, 진정한 중도이고 참다운 불교이겠다. 여하튼 나는 나의 욕심과 분노 때문에 인생이 괴롭다. 반면 나의 수고와 지혜 덕분에 나는 살고 또한 커간다. 내가 없어도 산은 높고 강은 흐르며 개는 짖고 자동차는 달릴 것이다. 그러나 내가 존재하며 그것들을 느껴준 뒤에라야, 그것들은 비로소 삶으로 피어난다. 부처님마저 내 마음이 부처님이라고 알아줘야만 그때부터 '부처님'이다. 이렇듯 '나'는 세상의 시작이고 중심이다. 그래서 천상천하유아독존天上天下唯我獨尊인 것이다. 자기 자신보다 귀한 것은 이 세상에 없다. 옳든 그르든 잘났든 못났든. 내 눈에 들어온 꽃만, 꽃이다.

그러나 나는 위험하다. 내가 본 만큼만 보이고 알아낸 만큼만 나타나는 게 세계라면, 결국 나의 '봄'이란 필연적으로 반쪽짜리이며 나의 '앎'이란 응당 허점투성이라는 이야기다. 오온五蘊의 오작동으로 원효는 죽을 뻔했다. 이렇듯 '어리석음'인 나는 '질병'이기도 하다. 그래서 불교의 수행은 탐진치貪嗔癡 삼독심三毒心의 중지와 소멸을 목표로 한다. 욕심낸 만큼 분노하고 분노한 만큼 일을 그르치기 십상이니까. 달마는 《안심법문》에서 "'자아'가 있으면 도를 닦아야 하지만, '자아'가 없으면 도를 닦지 않아도 된다"고 말했다. '나'라는 관념을 버리면 '남'이라는 갈등과 '더 나은 나'라는 탐욕이 없어진다. 으레 나는, '나' 때문에 망한다. 자기관리의 시작은 삼독심의 관리다.

미할리 칙센트미할리Mihaly Csikszentmihalyi가 쓴 《몰입의 기술》은 내적 보상의 중요성에 관한 책이다. 몰입이란 행동과 의식의 합일이다. 등반가가 암벽과 하나가 될 때, 도박사가 손에 쥔 패와 하나가 될 때, 그들은 물아일체를 경험한다. 승리에 대한 집착도 패배에 대한 걱정도 사라진다. 칙센트미하이는 "외적 보상만이 판치는 세태가 인간성의 말살과 지구 자원의 고갈을 야기한다"면서 "노동에서 순수한 재미를 찾는 훈련이 절실하다"고 강조했다. 무언가에 구체적이고 지속적으로 미치면, 밥을 안 먹어도 그만이고 주변에서 비웃어도 신경 쓰지 않는다. 일심一心으로 무심無心이 되면 존재의 이유는 단순해지고 모양은 소박해진다. 역설적으로 무아는, 자아에 대한 완전한 만족으로 얻어지는 것이다.

"수처작주隨處作主 입처개진立處皆眞"은 임제의현臨濟義玄, ?~867의 잠언이다. '어디에 있든 주인 된 마음으로 살면 어디든 진리의 경지'라는 뜻이다. 하지만 아무리 봐도 만만한 곳이 없고 어디를 가도 을z의 처지이기 십상인 사바세계에서는 얼핏 헛소리로 들린다. 세상의 주인이 아니라 인생의 주인이 되라는 이야기다. 자기에게 주어진 현실을 진심으로 사랑하는 게 수처작주다. 말 한마디부터 따뜻하게 해보라. 내가 착해지면 그도 착해진다. 남들의 눈에 비친 나 또는 남들에게 시달려야 하는 나만을 '나'로 한정하면 언제나 옹졸하고 어디를 가도 눈칫밥 신세. '나'의 범위를 최대한 넓혀야만 활로가 열린다. 그리하여 나의 몸뚱이나 느낌이나 생각이나 신분을 넘어… 나를 둘러싼 모든 것이 나다. 내가 바라보는 모든 것이 나다. 내게로 다가오는 모든 것이 나다. 나와 인연 맺은 모든 것이 나다. 나를 괴롭히는 모든 것이 나다!

○ 남을 위해 기도할 줄 알아야 내가 행복해진다

자아 존중감, 줄여서 자존감이란 '주체성과 관계성의 원만한 조화'라고 정리할 수 있다. 스스로가 가진 재능을 한껏 발산하는 동시에, 그 재능을 타인을 위해 기꺼이 보시하면서 얻어지는 만족감이다. 주체성의 계발을 통한 관계성의 확장. '나는 이 세상에 살아도 될 만한 존재'라는 확신이라 불러도 좋다. 반면 자존감이 없다는 건 '존재감'이 없다는 것이다.

우울증 환자들은 십중팔구 자의식이 강한 성격이다. 좋은 쪽으로 발현되면 엄청난 생산성과 창의성으로 나타나지만, 나쁜 쪽으로 발현되면 대인관계의 불화와 자기 부정에 빠진다. '이렇게 훌륭한 나를 왜 인정해주지 않나'라는 억울함과 '왜 저러고들 사나'라는 멸시감이 축적되면서 점점 세상과 멀어진다. 문제는 이런 '나'는 혼자이고 저런 '남'은 부지기수라는 것이다. 압도적인 쪽수 차이로 인해 절대 이길 수가 없다. 그리고 증오의 불길은 오로지 나만 불태운다.

곧 이승이 냉혹할수록 내가 자비로워야만 한다. 가끔은 나를 내려놓을 줄 알아야 나의 숨통이 트이고, 남을 위해 기도할 줄도 알아야 내가 행복해진다. "원수를 은혜로 갚는 게 수행"이라는 말에 나는 거의 울 뻔했다.

"관대한 태도는 남을 위한 것 같지만 결국 나를 위한 덕목이다. 재주가 많으면 더 고생하는 법이다. 일을 잘하는 사람이 일을 더 많이 하는 게 이치다. 더 많이 가진 자가 더 많이 베푼다는 마음으로 살아라." 심리상담사 1급 자격증을 지닌 어느 비구니 스님은 이렇게 독자들을 그리고 인터뷰를 하는 나를 토닥였다. "그래야 속 편하다"는 결말이다. 그래야 또는 그나마.

○ 미래는… 현재의 실천 안에 이미 와있다

대혜종고大慧宗杲, 1089~1163 선사가 창시했다는 간화선看話禪은 조사선祖師禪을 허투루 이해한 자들을 위한 처방이다. ▲화두를 글재주에나 써먹으려 드는 문자선文字禪 ▲'본래부처'이니 수행할 필요가 없다는 무사선無事禪 ▲좌선한답시고 조용한 장소만 찾아다니는 묵조선默照禪에 대한 반성이다. 무엇보다 대혜는 역사를 온몸으로 감내한 인물이었기에 멋지다. 조국의 몰락기였던 남송南宋에서 살았고 '주전파'로서 금나라에 대한 적극적인 저항을 주장했다. 도륙당한 백성들의 원수를 갚아주고 싶었기 때문이다. 끝내 '주화파'에 밀려 멸빈을 당하고 유배된 대혜는 귀양지에서 《정법안장正法眼藏》6권을 저술했다.

"시끄럽고 번잡한 일상 속에서도 화두를 들 수 있다면, 그 힘은 고요하고 평온한 환경에서 공부한 것보다 천만 배쯤 더 힘을 발휘한다." 내게 주어진 인생의 문제가 화두여야 하고, 내가 처한 삶의 현장이 법당이어야 한다는 신념이다. 곧 끊임없이 세상과 부딪히고 운명에 깨지면서 나만의 잠언을 만들어내는 게 바른 정진이다.

초기불교에 대한 과대평가는 '부처님'에 대한 집착에서 비롯된다. 사실 붓다조차 자신의 언어를 직접 기록으로 남기지 않았다. 최초의 경전에 드러나는 인용구인 여시아문이란 "이와 같이 나는 들었다"이지 "이와 같이 나는 말했다"가 아니다. 내가 본 붓다는 그저 생각이 깊고 따뜻한 사람, 생각이 깊어서 따뜻한 사람일 뿐이다. 동시에 "부처를 만나면 부처를 죽이라"는 말로 대변되는 선禪의 정신을 과연 비非불교라고 깔볼 수 있는지 자문해야 한다. '부처님'은 내가 부처로 사는 순간순간마다 재림한다. 어쨌거나 정통성에 관한 논쟁은 마치 어느 돼지갈비집이 원조냐는 다툼으로 보여 볼썽사납다. 정통正統보다 중요한 것이 정견正見이다. 어디서 굴러먹든 간에 사람은 그저 사람이기 때문에 고귀한 것이다. 우리는 모두 쓸쓸하지만, 어떻게든 그 쓸쓸함을 버텨내므로 찬란하다. 그리고 미래는… 현재의 실천 안에 이미 와 있다.

33

다행히 우리는,
누구나 죽는다

#부처님은 운運을 부정했을까?

존 롤스John Rolls, 1921~2002는 미국의 저명한 윤리학자이자 인간의
행복은 대부분 '운빨'에 의해 결정된다고 주장한 윤리학자다.
단적으로 개인의 타고난 재능이 결국은 운의 결과라는 논리다.
후천적인 노력마저 부모의 재력에 의해 좌우되기 십상이다. 화
목한 가정에서 자란 아이들이 화목한 가정을 꾸리는 법이다. 롤
스는 "성공할 가능성이 높은 사람이 노력할 가능성도 높다"라
고 말했다. 훌륭한 사람은, 훌륭한 행운이 만든다.

그렇다고 그가 '운칠기삼運七技三'이라는 저잣거리의 속설 따

위나 홍보하려고 명저인 《정의론》을 쓰지는 않았을 것이다. "우리는 사회에서 맨 처음 주어진 출발선이 당연한 내 몫이라고 말할 수 없듯이, 내게 부여된 선천적인 재능도 나만의 권리라고 여길 자격이 없다."

스타들이 막대한 부를 벌어들이는 까닭도 그럴 만한 능력을 가져서가 아니라, 다만 스타들에 열광하는 사회를 운 좋게 만난 덕분이다. 그들이 사회의 모범이 되어야 하는 동시에 사회에 봉사해야 하는 이유다.

○ 붓다가 말한 '고품'는 사실 가벼운 차원의 고통

그렇다면 '남을 열심히 도울 테니, 그렇게 도울 수 있는 돈과 힘과 꾀를 나에게 달라'고 애걸하는 것이 또한 장삼이사의 욕심이다. 하지만 그러한 대박을 거머쥐는 이는 현실 속에서 극소수에 지나지 않는다. 합격한 자가 있으면 불합격한 자는 수두룩하게 마련이다. 학창 시절 공부를 잘했다고 직장에서도 승승장구하는 것은 아니다. 누군가가 길거리에서 만 원을 주울 때, 누군가는 인도에서도 차에 치인다. '왜 양아치가 이길까'라는 생각에 오랫동안 나는 괴로워했다. 착한 사람들이, 자살한다. 최상의 깨달음을 성취했다는 붓다조차 불가항력의 운명에 대해 어느 정도 인정하는 분위기다.

붓다는 현생에서 확실한 행복을 가져다주는 '돈'을 중시했다. 그런데 "재주가 있는 자라 할지라도 행운이 없는 자는 재물을 모을 수 없다(《본생경》)"라고 일갈했다. 비루다카가 꾸준한 설득에도 기어이 자신의 혈족을 유린하자 "전생의 업보는 하늘로도 옮길 수 없구나"라며 장탄식하기도 했다. 선종을 개창한 보리달마 역시 조금은 숙명론자였다. 불자가 마땅히 가져야 할 삶의 자세인 사행四行 가운데 하나로 '보원행報怨行'을 제시했다. 현실 속의 납득할 수 없는 고초와 회한을, 전생에 저지른 죄의 대가라 여기고 달게 받으라는 것이다.

불교의 핵심 교리인 인연(연기緣起)은 '인'과 '연'으로 쪼갤 수 있다. '인因'이 주체적이고 능동적인 의지와 정진이라면, '연緣'은 주변 환경과 변수를 가리킨다. 다시 말해 연이 순조롭게 받쳐주지 않으면 인이 제대로 기능하기 어렵다는 것이다. 노력의 결과가 적거나 또는 없거나 도리어 거꾸로 돌아오는 경우가 여기에 해당한다. 이러한 '연'의 불수의성不隨意性과 불가해성不可解性이 집약된 개념이 바로 전생이다. '불교에서는 눈으로 확인할 수 없는 전생을 들이대며 세상의 근원적 모순을 은폐하는 것 아니냐'는 힐문을 간혹 듣는다. 타 종교가 신의 저주를 들먹이는 것처럼 말이다.

주지하다시피 붓다는 삶을 괴로움이라고 규정했다. '고苦'는 팔리어 '두카dukkha'를 번역한 개념이다. '두카'의 본래 의미는 '불만족스러움', '생각대로 되지 않음' 정도다. 그리고 두카에 대한 과잉 해석이 '불교는 염세주의적'이라는 편견을 낳았다. 사실은 가벼운 차원의 고통을 가리키는 1차적 어의가 '인생고'로 부풀어 오르면서, 힘겹고 끔찍하고 목숨이 오가는 수준의 고통으로 비약된 것이다. 원래는 '열반'도 소박했다. 고요하고 넉넉한 마음가짐으로 우리를 성가시게 하는 번뇌를 가라앉힌 상태가 곧 열반이다. 결국 큼지막하고 막막한 고통에는 제아무리 위대한 깨달음이라도 속수무책이라는 이치를 암시한다. 예정된 죽음이나 불시에 닥쳐오는 불행을 이기는 방법은, 없다.

o '너'에게 다가가는 모든 길이 중도中道

물론 붓다는 철저한 합리주의자였다. 인과因果는 불교의 중심을 관통하는 물리학이자 윤리학이자 처세술이다. 붓다는 콩을 심으면 콩이 나고 팥을 심으면 팥이 나는 이치에서 인간의 길을 봤다. "흑업黑業에는 흑보黑報가, 백업白業에는 백보白報가 따른다 (《중아함경 권27》)."

관건은 인연과 인연의 결실인 과果 사이에 업業을 집어넣어야만 불교의 진정한 인과론이 완성된다는 점이다. 인연업과. 씨앗을 심는 일이 '인'이고 씨앗이 심긴 밭이 '연'이라면, 훗날 이뤄질 열매가 '과'다. 그리고 씨앗을 가꾸는 행위가 '업'이다. 버려진 논에서는 쌀이 얼마 안 나오고, 갈아엎은 논에서는 쌀이 아예 안 나온다. 사람이 부지런히 땀 흘리면 안 나올 쌀이 그나마 나오는 법이다. 그리하여 수백만의 촛불이 정권을 몰아내고 세월호를 들어올렸다.

인연과 마찬가지로 운명도 '운'과 '명'으로 나눌 수 있다. '운運'이 시간의 흐름에 따라 얻거나 잃는 유동적인 복이라면, '명命'은 태어날 때부터 주어지는 고정적인 복이다. 근현대 중국의 명리학자 서락오徐樂吾, 1886~1943는 《자평진전평주子平眞詮評註》의 서문에서 '명'에 충실한 삶을 권고하고 있다. 그것이 내생을 바꿀 수 있기 때문이다. "자신의 명에 만족하지 못하고 욕심내는 자는 가산을 탕진하고 이름을 더럽힌다. 반면 명에 정해진 분수에 걸맞게 성실하면 공명을 이룬다. 인연의 결실이 미래의 운명을 바꾸는 것이다."

나를 고집하고 남을 뺏어먹은 만큼이 악업이요, 나를 양보하고 내어준 만큼이 선업이다. 밥을 더 먹고 싶다면, 일단 그릇부터 비워야 한다.

중도中道는 균형과 화합을 강조하는 불교의 덕목이다. 한편으론 인과 연, 운과 명 사이의 간극을 줄여나가는 태도이기도 하다. 2016년 새해 《불교신문》에서 중도를 주제로 좌담회를 열었다. 동국대 불교대학 명예교수 법산 스님은 "중도의 '중'은 '정正'"이라며 "상식적으로 옳은 것을 택하고 마땅히 해야 할 일을 하는 것"이라고 설명했다. 신규탁 연세대 철학과 교수가 바라본 중도는 삶에 대한 '비평적 관찰'이다. "과연 나의 견해와 행실이 진리에 합당한지 끊임없이 반성하고 되씹어보는 일"이라고 말했다. '자아'가 아닌 '진실'에 입각한 삶, 내가 인因이라면 남이 연緣이다. 인연을 만나려면 '인연'이 맞아야 한다. 자아와 진실 사이의 거리를 좁히려면 나부터 움직여야 한다. '너'에게 다가가는 모든 길이 중도다.

콩을 먹고 싶으면 먼저 콩을 심어야 한다. 잘 자라게 보살피면 더 많이 먹을 수 있다. 스님들은 소원所願 대신 원력願力이란 개념을 즐겨 쓴다. 스스로 행복을 창조하겠다는, 작복作福의 의

지가 담긴 말이다. 아울러 《중아함경》에는 "선업이든 악업이든 업을 지었으면 반드시 그 보를 받는다"라는 구절도 있다. 지은 만큼 받는다는 것은 만고의 진리다. 그러나 지옥에서 허덕이면 서도, 막상 지옥을 버리라고 하면 지옥마저도 쉽사리 포기를 못 하는 게 중생이다. 요행에 대한 갈구와 숙명에 대한 푸념은, 짓 기가 귀찮거나 짓기가 아까운 이들의 개소리라는 게 붓다의 확 신이었다. 다만 복福이라는 게 "현세에 받을 때도 있고 내세에 받을 때도 있다"고 단서를 달기는 했다. 그러므로… 될 때까지 하면 된다.

o 삼라만상이, '나'다

티베트불교의 독보적인 특징은 환생을 인정한다는 것이다. 그 래서 최고 지도자인 달라이라마가 죽으면 어린아이 가운데 하 나를 점지해 새로운 달라이라마로 세운다. 삼세윤회三世輪廻를 확고하게 믿는 불교이기에 전생은 단순히 조작된 환상이라고는 말할 수 없다. 일체의 존재는 과거, 현재, 미래를 끊임없이 돌고 돈다는 게 불교의 전형적인 세계관이다. 일례로 소젖이 우유가 되고 버터가 될 때, 각각은 같은 것도 아니지만 다른 것도 아니

업을 지으면
반드시 그 보를 받는다

다. 아울러 버터를 먹은 농부가 눈 똥이 풀을 성장시키고 그 풀을 먹은 소가 다시 젖을 생산하면서 우주는 순환한다. "'나'라는 실체가 없다면서(무아無我) 어떻게 내가 윤회를 하느냐"는 메난드로스 왕을 나가세나 존자는 이렇게 설득했다. 모든 종말은 모든 시작의 연장이고 모든 시작은 모든 종말로의 재귀다.

붓다가 죽림정사에 머물 때의 일화다. 근처에 외도를 믿는 바라문이 있었다. 어느 날 목욕을 하던 사이 생쥐 한 마리가 그의 옷을 갉아먹었다. 구멍이 숭숭 난 옷을 발견한 바라문은 재앙의 징조로 여기고 아들에게 옷을 버리고 오라고 시켰다. 아들이 행여 부정이 탈까 마치 음식물 쓰레기를 버리듯 막대기 끝에 옷을 걸치고 가던 길에 붓다를 만났다. 자초지종을 들은 붓다는 갑자기 "내게 딱 맞는 옷"이라며 아들의 제지를 뿌리치고 그 옷을 가져갔다. 소식을 전해 들은 바라문은 "마법에 걸린 옷이고 저주를 받은 옷"이라며 "만약 당신이 그 옷을 입고 파멸을 당하면 현자賢者를 죽게 했다는 세상의 비난에 나 역시 매우 곤혹스러울 것"이라고 만류했다.

붓다는 평온할 뿐이었다. "출가한 이후 나는 길거리와 쓰레기장과 시체 안치소에 버려진 옷들만 주워 입었다." 그리고 게송을 읊었다. "징조와 꿈과 미신으로부터 자유로워지고 싶은

가? 영원히 살려는 집착부터 버려라." 다행히 우리는, 누구나 죽는다.

출생의 비밀만큼이나 드라마에 자주 등장하는 소재가 전생 이야기다. 그리고 전생에 임금이었다거나 독립운동가였다거 나… 직전의 생에 대해서만 관심을 갖는다는 게 전형적인 패턴이다. 재미를 높이기 위한 장치이겠기에 이해는 한다. 하지만 현생에 옷깃이라도 스칠 인연이 되려면 전생에서 3,000번 은 만나야 한다는 게 정설이다. 그렇다면 그 이전 전생에서는 3,000×3,000으로 900만 번, 그 이전 전생에서는 27억 번, 그 이전에서는 81조 번의 인연이 있었다는 논리가 성립된다. 결론적으로 나는 무한대의 시간 속에서 만나지 않은 사람이 아무도 없게 되는 셈이다. 무엇이든 되어봤을 것이고 무엇이든 죽여봤을 것이고 무엇이든 사랑해봤을 것이다. 햇살이었을 것이고 빗줄기였을 것이고 벼룩이었을 것이고 길이었을 것이다. 이번 생의 목숨만이 나인 줄 알지만, 사실 삼라만상이 나다.

o 죽더라도 다시 태어남을 안다면, 언제든 죽어줄 수 있다

《무문관無門關》은 선가禪家의 주요한 고전이다. 제2칙則〈백장야

호百丈野狐〉편에는 여우로 전락한 늙은이가 등장한다. '큰스님'으로 잘 나가던 시절 "깨달은 자는 인과因果에 떨어지지 않는다"고 성급하게 말했다가 500번의 생을 여우의 몸으로 살아야 했다. 잔꾀가 많은 만큼 의심도 많은 여우는 늘 쫓기면서 산다. 백장회해百丈懷海, 749~814 선사는 '인과에 떨어지지 않는다不落' 대신 "인과에 어둡지 않다不昧"는 답변으로, 여우를 마침내 극락정토로 인도했다.

전생에 나라를 구했다 하더라도 또 다른 전생에 살인을 저질렀다면 허사다. 에누리 없이 현생에서 그 과보를 받아야 한다. 인과에 떨어지지 않는 존재는 없다. 인과를 부정하는 것은 불교를 부정하는 것이다. 반면 '인과에 어둡지 않다'는 건 '인과를 잘 안다'는 뜻이다. 지혜는 우리를 자유롭게 한다. 누군가에 대해 빠삭하게 알게 되면, 더는 그에게 속지 않는다. 행여 속더라도, 속아준다.

달마는 보원행과 함께 수연행隨緣行을 권장했다. 인연에 순순히 따르는 삶, 바꿔 말하면 운명애다. 남녀 사이에만 연애가 적용되는 건 아니다. 수연행은 운명을 반갑게 맞아 뜨겁게 구애할 때, 비로소 운명은 마음을 내줄 것이라는 전제에서 내린 결단이다. 설령 구세주가 내려와 도와준들 끝내 어둑하고 버거울 것이 우리들의 실존이다. 다만 죽더라도 다시 태어남을 안다면, 언제든 죽어줄 수 있다. 악업으로 태산을 쌓았다 해도 선업을 행할 의향만 있다면, 언제나 희망은 있다.

'자등명법등명自燈明法燈明'은 붓다의 유언이자 최후의 법문이다. 자등명이 내가 밝힌 등불이라면, 법등명은 세상이 밝힌 등불이다. 자등명이 이번 생에 한정된 존재가 일궈낸 지혜라면, 법등명은 무한히 반복해온 존재가 일궈낸 지혜다. 자등명이 창출할 수 있는 재능과 통제할 수 있는 이성의 결과라면, 법등명은 종잡을 수 없는 우연과 거스를 수 없는 필연의 총체다. 그리고 어떻게 해쳐먹고 어떻게 굴러먹었든, 생명을 다한 자등명은 법등명의 일부로 녹아들 것이다. 비록 지금의 나는 잠시 머물다 떠나갈 곳이더라도, 세상의 평화에 힘써 기여해야 하는 까닭이 여기에 있다. 결국엔 내가 다시 돌아와서 살아갈 곳이므로.

불교가 궁금한 이들에게 전하는 속 시원한 해답 33

불교는 왜 그래?

초판 1쇄 발행   2017년 10월 4일
초판 2쇄 발행   2018년 7월 9일

지은이   장웅연
그린이   최밈밈

펴낸이   오세룡
기획·편집   이연희 정선경 박성화 손미숙
취재·기획   최은영 권미리
디자인   김경년(dalppa@naver.com)
           고혜정 김효선 장혜정
홍보 마케팅   이주하

펴낸곳   담앤북스
           서울시 종로구 사직로8길 34(내수동) 경희궁의 아침 3단지 926호
           대표전화 02)765-1251 전송 02)764-1251 전자우편 damnbooks@hanmail.net
           출판등록 제300-2011-115호
ISBN   979-11-6201-011-2 (03220)

정가 14,000원